책임지는 경영자

정의로운 투자자

책임지는 경영자
정의로운 투자자

초판 1쇄 발행   2021년 11월 10일
초판 3쇄 발행   2022년 8월 30일

지은이 | 김민석
발행인 | 홍경숙
발행처 | 위너스북

경영총괄 | 안경찬
기획편집 | 박혜민, 안미성
마케팅 | 박미애

출판등록 | 2008년 5월 2일 제2008-000221호
주소 | 서울 마포구 토정로 222, 201호(한국출판콘텐츠센터)
주문전화 | 02-325-8901
팩스 | 02-325-8902

표지디자인 | 김종민
본문디자인 | 김수미
지업사 | 한서지업
인쇄 | 영신문화사

ISBN   979-11-89352-45-5   (13320)

책임지는 경영자

정의로운 투자자

ESG로 다시 쓰는 자본주의

김민석 지음

ESG를 알면 투자하는 기업의 미래가 보인다!

WINNER'S BOOK

'책임'이라는 단어는 일상에서 자주 사용되지만, 함부로 사용하기에는 무언가 부담이 되는 단어이기도 하다. 책임이란 무엇일까? 그리고 어디까지 책임을 져야 할까?

책임을 진다는 것은 멋진 일이다.

가정에서, 학교에서, 직장에서, 그 어느 상황에서든지 책임을 지는 것은 자신감의 표현이기도 하고 사회에서 자신의 위치와 역할을 인지하고 있다는 뜻이며, 공동의 성장과 발전을 위해 동참한다는 의미이기도 하다. 또한 책임을 지는 것은 단순한 최선이 아니다. 우리가 삶에 대해 주인의식을 갖고 각자가 할 수 있는 숭고하고 진실한 방법으로 사회를 살아가고 있음을 보여주는 것이다.

그럼에도 책임이 부담스럽게 느껴지는 이유는 왜일까?

책임지는 것이 당연하고 멋진 일임은 누구나 아는 사실이지만, 책임이라는 단어를 떠올리면 주저하게 되거나 부담이 된다. 책임을 지는 것 자체가 어려운 상황이거나, 책임의 결과를 감당하기 힘든 경우도 종종 있기 때문이다. 반면 선택의 여지 없이 무조건 책임을 이행해야 하는 때도 있다. 예전에는 개인, 기업, 정부 등이 각자 책임 활동을 하는 것으로 충분했지만 이제는 ISO 26000, ESG(환경 Environmental, 사회Social, 거버넌스Governance) 등 지속가능성을 위한 다양한 사회적 책임의 기준이 생겨났다. 그에 따라 책임의 범위와 대상이 확대되고 구체화되어 책임에 대한 요구를 충족하기 어려워졌다. 이러한 상황에서 기업은 ESG, CSR(기업의 사회적 책임), 지속가능경영 등의 단이로 다양한 책임 이행을 요구 받고 있다.

책임은 결국 우리의 선택이다.

기업이 사회적으로 좋은 가치를 만들고 있다고 말하지만, 환경운동가 폴 호켄Paul Hawken은 "비즈니스가 세상을 파괴하고 있다는 말을 달리 고상하게 표현할 방법이 없다"라고 말했다. 기업과 조직은 회복 경제Restorative Economy의 관점에서 사회적 책임을 다해야 함을 강조한 것이다. 지금까지 당연시 여겨왔던 기득권과 관행에서 벗어나, 일상생활을 구성하는 생산과 소비, 폐기의 모든 과정에서 인권과 노동, 환경 등 사회에 대해 책임지는 의사결정이 필요하다. 우리가 요구하는 권리와 자유만큼이나 책임을 다해야 하는 시대가 된 것이다. 그리고 이러한 책임의 결과는 우리가 사회에 심는 씨앗이고 미래에 남겨줄 우리의 발자국이다. 영국 금융가 조시아 찰스 스탬프Josiah Charles Stamp의 말이 쉽게 잊히지 않는 이유이기도 하다.

"
책임을 피하기는 쉽다.
그러나 책임을 피했더라도
그에 따른 결과는 피할 수 없다.
"

— 조시아 찰스 스탬프 Josiah Charles Stamp

차례

1장 | 정의의 시대

2장 | 정의로운 환경

3장 | 정의로운 사회

4장 | 정의로운 거버넌스

5장 | 정의로운 경영자와 투자자

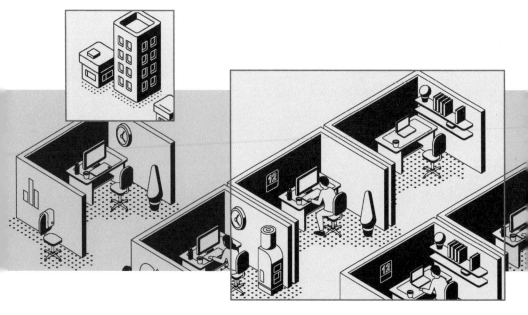

정의의
시대

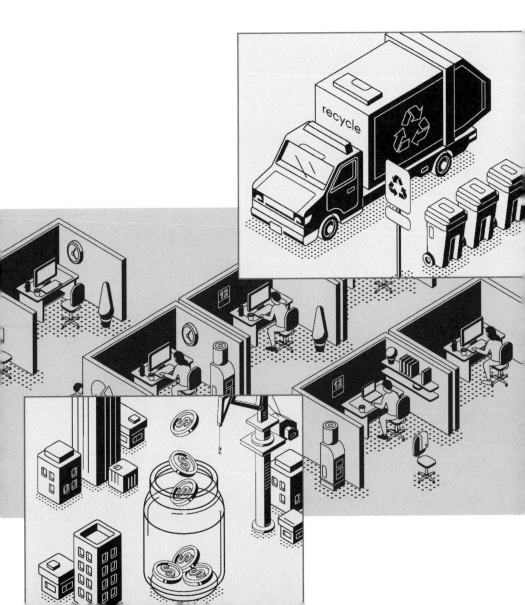

다시 쓰는
기업의 존재 이유

　'기업은 이윤을 얻기 위하여 물건을 생산하고 판매하거나 서비스를 제공하는 곳입니다.' 초등학교 5학년 사회과목에 나오는 내용이다. 학교에 다닐 때 단골 시험문제 중 하나가 '기업이 존재하는 이유는 ○○○○이다'였고, 빈칸에 알맞은 정답은 '이윤추구' 또는 '이익 창출'이었다. 이처럼 우리는 기업을 이윤을 얻기 위한 조직, 이익을 창출하는 조직으로 배워왔다. 그렇다면 기업은 이익을 얻기 위해 존재할 뿐일까? 이를 뒷받침하는 이론도 있지만, 반론을 제기하는 의견도 만만치 않다. 흔히 2019년 8월 19일에 있었던 미국 기업인들의 모임 BRT(비즈니스 라운드 테이블)의 이해관계자 자본주의 선언을 예로 든다. 하지만 사실 그 이전부터 기업의 변화를 요구하는 흐름은 계속 있었다.

'요람에서 무덤까지'라는 유명한 구호는 제2차 세계대전 당시인 1942년 영국의 자유주의 경제학자 윌리엄 베버리지가 작성한 보고서 「사회보험과 관련 서비스Social insurance and allied services」(일명 베버리지 보고서)에서 사회보장제도에 대한 목표 구호로 등장했고, 완벽한 사회복지를 의미했다. 하지만 이러한 꿈과 같은 시대는 오래 가지 않았다. 2007년 미국에서 촉발된 서브프라임 모기지 사태로 2008년에는 전 세계가 금융위기를 겪게 되었다. 영국도 이러한 기업발 리스크에 자유롭지 못했고 재정 건전성을 중시하는 긴축재정 정책Austerity Programme을 실시했다. 그리고 2010년 총선에서 승리한 데이비드 캐머런 정부는 '정부 실패, 시장 실패의 대안으로 사회를 부각하고 사회문제 해결의 주체를 국가에서 민간과 지역사회로 이전한다'라는 핵심을 담은 빅 소사이어티 정책을 추진했다. 국가와 시장이 더 이상 제대로 된 역할을 하지 못할 수 있음을 인정한 것이다. 2012년에는 크리스 화이트 의원 중심으로 사회적 가치를 중시하는 공공서비스법이 상정되어 통과되었고, 2013년 1월부터 시행되고 있다.

미국에서는 어땠을까? 앞서 언급한 BRT에서 기업의 최고경영자들이 앞으로의 기업은 주주뿐만 아니라 공급망, 임직원, 지역사회 등 다양한 이해관계자를 고려해야 한다고 선언한 것을 먼저들 떠올린다. 이것은 마치 기업이 자발적으로 착해진 것처럼 비쳐질 수 있으나 사실은 그렇지 않다. 2008년 9월 초 세계 4위 투자은행인 리먼 브라더스가 파산하고 미국뿐 아니라 전 세계적으로 금융위기가 심화했다. 이후 10년이 지난 2018년, 미국의 갤럽에서 자본주의에 대한 인식을 조사한 결과 18~29살인 밀레니얼 세대의 자본주의에 대한 긍정적 평가는 45%로, 사회주의에 대한 긍정적 평가인 51%보다 낮게 나왔다. 2010년까지만 하더라도 기업 중심의 자본주의 긍정률이 68%에 달했다. 이는 짧은 시간에 주주 중심의 경영을 하는 기업에 대한 불신이 커진 것을 알 수 있는 대목이다. 주주 중심의 자본주의가 대대적인 수술을 필요로 하게 된 것이다. 기업은 이러한 요구를 직간접적으로 받으면서도 스스로 변하지 않았다. 결국 미국 엘리자베스 워런 상원의원이 미국 사회의 불평등을 해결할 새로운 해법으로 2018년 8월 15일 '책임 있는 자본주의법Accountable Capitalism Act'을 발의하기에 이른다.

이 법안의 주요 내용은 현재의 기업법에 비하면 매우 파격적이다. 먼저 '연방법인 인가제'를 도입한다는 내용이 포함되었다. 이 제도에 따르면 전년도 연간 총수입이 10억 달러(약 1조 원) 이상인 모든 미국 기업은 연방법인 인가를 별도로 받아야 한다. 이를 위해 상무부 안에 연방법인국을 신설하고 대통령이 의회의 동의를 받아 연방법인국장을 임명한다. 특히 연방법인은 정관*의 목적조항에 주주의 재무적 이해뿐 아니라, 해당 기업과 계열사 및 협력업체 노동자, 소비자, 지역공동체 등 '전반적인 공공(이해관계자)의 이

* 법인의 목적, 조직, 업무 집행 따위에 관한 근본 규칙, 또는 그것을 적은 문서이다.

익'을 위해 활동한다는 내용을 명시해야 했다. 다음은 노동자의 경영 참여를 보장하도록 했다. 연방법인 이사회 구성원의 40% 이상은 노동자에 의해 선출되어야 하며, 선출 방법은 증권거래위원회(SEC)와 노동위원회(NLRB)가 협의해 정하도록 했다. 이를 어길 경우 노동부 장관은 해당 기간 1일당 5만~10만 달러의 과징금을 부과할 수 있고, 연방법인국장은 연방법인 인가를 취소할 수 있다. 또 연방법인이 연방 및 주 선거를 포함한 모든 정치활동에 자금을 지출하려면 주주 75% 및 이사회 75%의 동의를 모두 얻어야 한다고 정했다. 이러한 노동자 중심의 이사회 구성은 스웨덴의 기업법과 유사하다. 마지막으로 경영자 보수를 제한하는 규정도 포함했다. 연방법인의 경영진은 해당 법인의 주식을 취득한 뒤 5년 안에 처분할 수 없도록 했다. 이를 어길 경우 증권거래위원회가 처분 시점의 공정가치 이상을 과징금으로 부과해야 했다. 결과적으로 '책임 있는 자본주의법'은 최종 통과되지 않았지만, 많은 기업에게 경종을 울리기는 충분했다. 법안 발의 후 1년 뒤인 2019년 8월 19일, 기업 경영자들은 BRT에 모여 '책임 있는 자본주의법'을 의식한 내용을 담아 선언한 것이나.

그러면 기업이 존재하는 이유는 무엇인가? 이 질문에 관해 설명할 때면 종종 언급되는 학자가 있다. 1976년 노벨경제학상을 받은 자유주의의 끝판왕 밀턴 프리드먼이다. 그는 기업의 사회적 책임은 이윤 창출이며, 이익을 주주에게 돌려주어야 한다고 주장했다. 이러한 주장은 명쾌하고 설득력 있는 논조로 최근까지 많은 지지를 얻었다. 하지만 '이해관계자 자본주의'라는 단어가 등장하면서 이제는 가장 많이 비판받는 주장이기도 하다. 밀턴 프리드먼이 이익과 주주에 대해 강조하긴 했지만, 단순히 이러한 비판을 받기에는 억울한 면도 있다. 이는 밀턴 프리드먼이 주장한 내용을 자세히 알지 못하고 결론만 인용한 탓이다. 그는 CSR(기업의 사회적 책임)의 개념을 정립한 캐롤 교수가 피라미드 모델에서 다룬 기업의 사회적 책임인 경제적, 법적, 윤리적, 자선적 책임을 언급하며, 기업이 이익을 추구하는 과정에서 법적, 윤리적 책임을 지는 경영을 해야 한다고 강조하기도 했기 때문이다. 자, 다시 처음의 질문으로 돌아가자.

이제는 기업의 존재 이유를 다시 써야 하는 시대가 되었다. 이병남 전 LG인화원 원장은 기업을 자동차에 비유했다. 자동차가 존재하는 이유는 사람이나 물건을 목적지까지 편리하고 안전하고 빠르게 이동시키기 위함이다. 이때 자동차가 목적지까지 가기 위해서는 연료가 필요하다. 하지만 자동차가 목적지까지 달려갈 생각은 하지 않고 연료만 채우려고 한다면 이는 자동차로서 존재 이유가 있을까? 그렇지 않다. 기업도 마찬가지다. 제약회사가 존재하는 이유, 자동차를 만드는 회사가 존재하는 이유, 세탁기와 냉장고 같은 가전제품을 만드는 회사가 존재하는 이유는 다 다르다. 이러한 각 회사의 고유한 목적을 달성하는 데 이윤이 필수적이긴 하다. 재무적인 성과가 없으면 기업이 운영을 지속할 수 없기 때문이다. 하지만 이윤 자체가 기업의 목적이 되면 안 된다. 자동차가 연료를 채우는 것이 목적이 아니듯이 말이다.

곰곰이 생각해 보자. 내가 경영하는 기업 혹은 내가 근무하는 기업이 우리 사회에 존재하는 이유는 무엇일까? 어떤 가치를 만들고 있는 기업일까? 아직 기업에서 일하고 있지 않다면 나는 어떠한 기업에서 일하고 싶은가? 이익 창출이 전부인 기업과 사회적 가치를 만들기 위해 이윤을 필요로 하는 기업. 비슷하게 보일지 모르지만, 이러한 기업에 대해 개념부터 다시 정립할 필요가 있다. 앞으로 설명할 지속가능 경영, ESG 경영은 이익만을 강조하지 않기 때문이다.

같은 실수를 반복하는 어리석음

대학생 때였던 것으로 기억한다. 당시 대학에서 환경공학을 전공하고 있던 탓인지 유난히 환경과 관련된 정보에 관심이 많았다. 오존층이 파괴된다는 뉴스도 많이 접했고, 지구온난화와 기상이변에 대한 소식도 종종 들렸다. 그 중 기억에 남는 것은 '산성비'에 대한 뉴스였다. 산성비를 맞으면 대머리가 된다는 소문에 비가 온다는 일기예보가 있을 때면 가장 먼저 우산을 챙기곤 했다. 그런데도 갑작스러운 비를 피하지 못하고 맞은 적이 여러 번 있었는데, 그에 따른 영향인지 머리숱이 눈에 띄게 줄어들고 있다. 물론 시중에 판매하는 샴푸도 산성인 제품이 많기에, 단순히 비의 산성만을 탈모 원인으로 단정하기는 어렵다. 산성비 안에 포함된 다른 오염물질이 탈모를 일으킨다는 주장도 많다. 일반적인 빗물도 대기 중의 이산화탄소로 인해 수소이온농도(pH) 5.6~6.4 정도의 약산성을 띤다. 하지만 산성비는 황 화합물, 질소 화합물 등이 포함된 공장의 매연과 자동차 배기가스 등의 영향으로 pH 5.6 미만의 더 강한 산성을 띠게 된다. 그렇기에 장기간 산성비에 노출되면 당연히 건강에 좋지 않은 영향을 미친다. 요즘은 산성비에 대한 뉴스를 얼마나 자주 접할까? 일부러 검색하지 않는다면 찾아보기가 어렵다. 이제는 산성비가 없어져서일까? 환경이 좋아졌기 때문일까? 불행히도 아니다. 산성비 대신 기후변화, 기후위기, 플라스틱 이슈, 자원고갈, 팬데믹 등의 또 다른 문제가 산성비 뉴스를 대신하고 있을 뿐이다.

인간의 부주의와 탐심으로 우리가 살아가는 지구 생태계와 사회에 부정적인 영향을 미친 사례는 수없이 많다. 1945년, 인류 사상 최초의 사건이 있었다. 일본 히로시마에 원자폭탄이 투하된 것이다. 이로 인해 도시 전체가 초토화되고 20만여 명의 희생자가 나오는 등 방사능에 의한 피해는 이루 말할 수 없었다. 얼마 후인 1952년에는 일명 '런던 스모그 사건'이 발생했다. 공장의 배기가스와 같은 화석연료로 인해 일주일간 영국 런던에 스모그 현상이 지속하면서 호흡 장애, 질식, 만성 폐 질환 등으로 총 1만 2,000명이 사망하는 사건이었다(런던 스모그 사건은 2장에서 자세히 다루고자 한다). 그리고 1989년 3월 24일에는 125만 배럴의 원유를 싣고 있던 미국의 대형 유조선 엑손 발데즈호가 알래스카 프린스 윌리엄사운드 해안의 암초에 부딪히며 좌초된 사고가 있었다. 배에 실려있던 원유가 해안에 유출되었고 극심한 환경오염을 유발했다. 이 사고로 미국의 환경단체인 세리즈CERES는 인간과 기업이 행하는 환경오염과 훼손을 막기 위해 1997년 UN 환경계획(UNEP)과 GRI Global Reporting Initiative를 설립했다. 그리고 기업이 경제와 사회와 환경에 대해 어떠한 노력을 하고 있는지 공시하는 기준을 만들게 되었다. 이는 최근 자주 언급되는 기업의 지속가능성을 의미하는 ESG라는 개념 형성에 근간이 되기도 했다.

1992년 브라질 리우데자이네루에서 열린 일명 리우회의(지구정상회의)라 불리는 '환경 및 개발에 관한 유엔 회의'에서 당시 12살이었던 세번 스즈키양은 환경파괴 등의 문제를 초래하는 어른들의 무책임한 행동에 대해 비판하는 연설을 했다. "당신들은 파괴된 오존층과 멸종된 동물들을 되돌리고, 사막화 되어가는 아마존의 파괴된 열대우림을 되돌리는 법을 알고 있습니까? 이 모든 방법을 알고 있지 않다면, 부디 제발 파괴하는 것을 멈춰 주세요"라는 그녀의 연설은 당시 회의에 참석했던 어른들이 6분간 침묵할 수밖에 없도록 만들었다. 그리고 그녀는 "학교에서, 유치원에서도, 여러분은 우리에게 착한 사람이 되라고 가르칩니다. 여러분은 우리가 서로 싸우지 말고, 절약하고, 서로를 존중하고, 청결히 하고, 다른 생물들을 해치지 말고, 나누고, 탐욕스럽게 되어서는 안 된다고 가르칩니다.

그러면서 여러분은 어째서 우리에게 하지 말라고 한 행동을 하십니까? 저의 아빠는 항상 말합니다. '너의 말이 아니라 너의 행동이 진짜 너를 만든다.' 저는 여러분에게 호소합니다. 제발 여러분의 행동이 여러분의 그 말과 일치하도록 해주십시오." 1992년 12살의 소녀가 전한 이 메시지는 간결하지만 힘이 있다. 그리고 많은 것을 생각하게 한다. 30여 년 전 이 소녀의 외침을 현재에 듣는다면 어떨까? 이미 다 해결된 문제들일까? 불행히도 아니다. 여전히 현재 진행 중이며, 그동안 나아진 것이 없다. 특히 환경문제만 놓고 보면 더욱더 그렇다. 우리는 문제를 알고 있는데 왜 같은 실수를 반복할까? 유치원이나 초등학교에서 배운 것들을 실천하면 되는데 왜 하지 못할까? 상식으로 판단하고 당연하게 해야 할 것을 하면 되는데 왜 안 하는 것일까? 더 큰 대가를 치르기 전에, 우리는 같은 실수를 반복하는 어리석음에서 벗어나야 하는 과제를 안고 있음을 잊어서는 안 된다.

'성장의 한계'는
현재형

'어느 연못에 하루에 2배씩 면적을 넓혀 가는 수련이 있습니다. 만일 수련이 자라는 것을 그대로 놔두면 30일 안에 수련이 연못을 꽉 채워 그 안에 서식하는 다른 생명체들을 모두 사라지게 할 것입니다. 처음에는 수련이 너무 적어서 별로 걱정하지 않아도 될 것 같습니다. 수련이 연못을 반쯤 채웠을 때 그것을 치울 생각입니다. 29일째 되는 날, 수련이 연못의 절반을 덮었습니다. 연못을 모두 덮기까지는 며칠이 남았을까요? 29일? 아닙니다. 남은 시간은 단 하루뿐입니다.' 한 번쯤 봤을 법한 이 예문은 「성장의 한계The limits to growth」라는 보고서에 나오는 내용이다.

「성장의 한계」는 로마클럽The Club of Rome이 1972년에 발간한

200페이지 정도 분량의 보고서였는데, 출간 즉시 세계적인 관심을 끌었다. 로마클럽은 1968년 이탈리아의 사업가인 아우렐리오 페체이Aurelio Peccei가 주도해 시작된 모임이다. 영국의 과학자 알렉산더 킹과 같은 30명의 저명한 학자와 사회 지도층이 급속한 공업화의 이면에 가려져 있는 환경오염 문제에 대한 심각성을 인식하고 뜻을 모아 함께했다. '로마클럽'이라는 명칭은 1968년 4월 로마에서 첫 회의를 하며 사용하기 시작했다. 그리고 로마클럽에서 4년 뒤인 1972년에 발간한 보고서가 「성장의 한계」였다. 이는 인간과 자연 그리고 경제성장과 환경의 관계를 과학적으로 밝히며 인류의 미래를 위해 국제사회가 어떻게 행동해야 하는지 공식적으로 문제를 제기한 최초의 연구보고서였다. 1970~1972년까지 MIT 슬로안 경영대학 산하 시스템 역학 그룹에서 이 프로젝트를 전담했다. 그들은 세계인구와 실물경제의 성장을 낳은 장기적 원인과 그 결과를 과학적으로 분석하기 위해 시스템 역학 이론과 컴퓨터 모델링 기법을 사용했다. 그리고 다음과 같은 질문을 던졌다. '현재 전 세계에서 시행되는 정책들은 우리를 지속가능한 미래로 이끌 수 있는가? 아니면 붕괴시킬 것인가? 모두가 충분히 만족할 수 있는 경제를 만들기 위해 우리는 무엇을 해야 하는가?' 이러한 내용과 미래예측 결과를 담은 「성장의 한계」 보고서는 학계, 산업계뿐 아니라 공공정책 분야에도 큰 영향을 미쳤다. '지구 용량의 한계'가 있다는 개념과 '지속가능한 세계'의 중요성을 알리며 하나뿐인 지구를 위해 인간의 지나친 개발을 제한해야 한다는 주장은 당시에 세계적으로 큰 파장을 일으키기에 충분했다.

보고서가 발간된 같은 해인 1972년 스웨덴 스톡홀름에서는 유엔 인간환경회의UN Conference on the Human Environment가 개최되었다. 당시 회의에는 113개국 정부 대표, 국제기구, 민간단체 대표 등이 참석하여 지속가능한 발전Sustainable Development에 대해 논의했다. 이 때 일명 스톡홀름 선언이라고 불리는 인간환경선언이 채택되었고 유엔 산하에 환경전문기구인 유엔환경계획(UNEP)을 설치하기로 결의하였다. 그러면서 인간은 현세대와 미래 세대를 위하여 환경을 개선하고 보호할 책임이 있다고 선포하며 환경문제에 대한 정책적 변화의 시작을 알리는 원년이 되었다. 이후 매년 6월 5일을 세계 환경의 날로 제정하는 등 국제사회에서 환경이라는 주제가 본격적으로 중요한 어젠다로 다루어지기 시작했다.

다시 「성장의 한계」 보고서를 살펴보자. 「성장의 한계」에서는 2030년을 분기점으로 보고 있다. 현재 상태로 인간 경제를 성장시키다 보면 2030년에 지구가 더는 감당하지 못하고 성장의 한계에 직면하게 된다는 것이다. 그리고 우리 모두 걷잡을 수 없는 파멸의 길로 들어서게 될 것이라고 예측했다. 실제로 이 보고서가 나온 후 30년이 지난 2000년대에, 호주에 있는 한 연구원은 「성장의 한계」

보고서에서 보여준 예측이 얼마나 맞는지 연구한 바 있다. 충격적인 사실은 1972년 보고서에 기술된 대부분이 그대로 이루어지고 있음을 확인했다는 것이다. 이 보고서는 우리 사회가 이미 지속가능한 수준을 넘어섰음을 경고하고 있다. 낙관적으로 지구의 무한한 미래라는 헛된 꿈을 꿀 시간이 없다며, 현재 지구가 가는 길을 바꾸는 것이 엄청나게 중요한 일이라고 강조하고 있다. 그리고 이러한 변화는 과거의 농업혁명과 산업혁명에 버금가는 매우 근본적인 변화를 수반해야 한다고 지적한다. 지금까지 많은 사람이 믿고 있는 성장이라는 만능주의가 더는 희망이 될 수 없고, 오히려 성장에 대한 의존은 헛된 희망을 낳고 있기에 기존 시스템을 무너뜨리는 혁명이 필요한 시대라고 이야기하는 것이다.

1972년 「성장의 한계」 보고서에서 지구의 한계와 붕괴는 기술의 발달과 시장만으로는 해결할 수 없고, 의도적인 성장의 억제가 필요하며 농업혁명과 산업혁명에 이어 지속가능성 혁명의 시대를 맞이해야 한다고 주장했다. 이는 여전히 새겨들어야 할 선배들의 진심 어린 조언이자 무시무시한 경고이다. 하지만 우리는 어떠한가? 미국의 책임 있는 자본주의법처럼 다소 과격한 규제가 나와야 흉내라도 낼 것인가?

ISO 26000과 ESG

　2010년 11월 1일, 국제표준화기구(ISO)는 사회적 책임에 대한 지침인 ISO 26000을 발표했다. 2005년부터 5년간의 논의를 거친 이 지침은 2010년 9월, 77개 개발 참여국을 대상으로 실시한 투표에서 93%의 찬성을 얻으며 최종 결정되었다. ISO 26000의 공식적인 명칭은 '사회적 책임에 대한 국제표준Guidance on social responsibility' 이다. 이는 기업을 포함한 사회의 모든 조직이 의사결정 및 활동을 할 때 사회에 이익이 될 수 있도록 해야 한다는 책임을 규정한 것으로, 총 7개의 목차로 구성되어 있다. 사회적 책임의 적용 범위, 용어에 대한 정의, 사회적 책임에 대한 이해, 사회적 책임의 7가지 원칙, 사회적 책임의 인식 및 이해관계자의 참여, 핵심 주제, 그리고 조직 전반에 걸친 사회적 책임의 통합에 관한 지침으로 구성된 ISO

26000은 발표 전부터 많은 관심을 불러일으켰다. 일반적으로 기관이나 기업에서 ISO 인증을 받았다는 것을 알리곤 한다. 이는 기업이 사회적 책임 활동에 대해 공식적인 인증을 받을 수 있을까 기대가 있었음을 보여준다. 많은 조직이 사회적 책임을 다하고 있다고 말하지만, 실제 그 수준이 어느 정도인지 객관적으로 판단하기가 어려운 것이 현실이었기 때문이다. 하지만 ISO 26000은 인증제도가 아닌 가이던스, 즉 지침의 형태로 확정되었다. 각 조직이 사회적 책임을 다하기 위한 참고서 역할은 할 수 있지만, 인증을 받을 수 있다거나 강제성이 없다 보니 이 분야에서 일하는 담당자로서는 다소 김이 빠질 수밖에 없었다. 조직 내부에서 ISO 26000을 실행할 명분과 경영진을 설득할 논리가 약해져서다. 하지만 ISO 26000의 내용은 제대로 살펴볼 필요가 있다. ESG 경영을 위한 구체적인 절차와 주요 개념이 설명되어 있고, 무엇보다 ISO 26000이 제정된 이유와 ESG가 중요해진 이유가 지속가능성을 추구한다는 점에서 동일하기 때문이다.

ISO 26000은 구체적으로 산업계, 정부, 소비자, 노동계, 비정부기구(NGO) 등 7개 경제 주체를 대상으로 한다. 그리고 거버넌스, 인권, 노동 관행, 환경, 공정 운영 관행, 소비자 이슈, 지역사회 참여 및 발전이라는 7대 의제를 핵심 주제로 규정하고, 이에 대한 실행지침과 권고사항 등을 담았다. 이때 조직이 사회적 책임을 실행하는 궁극적인 목표는 지속가능발전에 대한 기여를 극대화하기 위함이라고 명시하고 있다. 그렇기에 조직은 구체적인 상황, 혹은 설사 상황이 어렵더라도 올바르고 훌륭한 행동을 할 것을 권하고 있다. 이를 위해 다음 7가지 원칙을 제시한다. 첫째, '설명책임'을 다해야 한다는 것이다. 조직은 자신이 사회·경제·환경에 미치는 영향에 관해 설명할 책임을 져야 한다는 의미다. 설명책임은 이해관계자들의 요구에 경영진이 답변해야 하는 의무와 조직이 법과 규정에 관해 법률 당국에 답변해야 하는 의무를 포함한다. 설명책임을 진다는 것은 조직과 사회 모두에게 긍정적인 영향을 미친다. 설명책임을 지는 정도에 차이가 있을 수는 있지만, 권한의 범위나 넓이에 항상 부합해야 한다. 만약 기업의 부적절한 행위에 대해 이해관계자가 질문한다면 다음 두 가지에 대한 설명은 반드시 이루어져야 한다. 먼저 사회, 환경 및 경제에 미친 조직의 의사결정과 활동의 영향, 특히 중대한 부정적 결과를 설명해야 한다. 다음은 의도하지 않았고 예상하지 못한 부정적 영향의 재발을 방지하고자 어떤 조치를 취했는지에 관해 설명해야 한다. 설명책임에 이은 두 번째의 원칙은 '투명성'이다. 조직은 사회 및 환경에 영향을 미치는 조직의 의사결정과 활동에 있어서 투명해야 함을 의미한다. 즉 조직 활동의 목적, 성격 및 장소, 조직 활동에 있어 지배적인 모든 이해관계, 조직이 자신의 사회적 책임 관련 성과를 평가하는 기준 및 준거, 중요한 사회적 책임 이슈에 대한 조직의 성과, 조직 자금의 출처 및 액수, 용도, 조직의 이해관계자 식별, 선정 시 이용된 기준 및 절차 등에 투명성이 요구된다. 세 번째 원칙은 '윤리적 행동'이다. 이때 윤리적이라 함은 정직성, 평등성 및 진정성의 가치를 기반으로 한다. 이 가치는 인간들에게만 적용되는 것이 아니라 동물 및 환경까지도 포함한다. 네 번째는 '이해관계자 이해 존중', 다섯 번째는 '법치 존중', 여섯 번째는 '국제행동규범 존중', 마지막 일곱 번째는 '인권 존중'으로 마무리된다.

ISO 26000에서 말하는 사회적 책임에 대한 정의와 최근 많은 관심을 받는 ESG는 어떤 관계가 있을까? ESG는 환경Environmental, 사회Social, 거버넌스Governance의 첫 글자를 조합한 용어다. 2006년 4월, 뉴욕 증권거래소에서 당시 유엔사무총장이었던 코피 아난과 주요 연기금 기관장들이 모여 '투자자는 피투자기업에 대한 재무적인 정보 이외에 환경, 사회, 거버넌스와 같은 비재무적인 정보도 고려하는 책임 있는 투자를 해야 한다'라는 유엔 책임투자원칙(UN PRI)을 제청하며 유명해졌다. 하지만 이 전인 2004년과 2005년에도 유엔글로벌콤팩트와 IFC, 스위스 정부 등이 함께 진행한 'Who Cares Wins' 회의에서도 ESG라는 용어가 사용되었다. 우리나라의 경우 최근 1~2년 사이에 ESG가 많이 사용되었지만, 꽤 오래전부터 있었던 개념인 것이다. 물론 ESG가 공식적으로 등장하기 이전에 학계와 기업은 ESG와 유사한 개념으로 사회책임투자(SRI), 기업의 사회적 책임(CSR), 지속가능경영 등의 용어를 사용해 왔다. 기업이 재무적인 가치만을 추구하지 않고 인권, 윤리, 환경, 안전, 소비자, 거버넌스 등에 대한 책임을 지는 경영을 해야 한다는 것으로 커뮤니케이션해 온 것이다. 반면 투자자들은 2000년대 중반, 유엔 책임투자원칙을 기점으로 투자를 할지 말지 판단하는 근거로 매출액, 영업이익과 같은 재무적인 정보 이외에 환경(E), 사회(S), 거버넌스(G)와 같은 비재무적인 정보도 참고해야 한다며 ESG라는 단어를 사용하기 시작했다.

유엔 지속가능발전목표와 ESG

앞서 ISO 26000을 설명하며, 조직이 사회적 책임을 다해야 하는 이유가 지속가능발전에 기여하기 위함이라고 했다. 지속가능발전은 무엇일까?

2015년 9월 뉴욕에서 제70차 유엔 총회가 열렸다. 인류와 지구의 현재뿐 아니라 미래를 위한 평화·번영의 청사진을 제공하기 위해서였다. 각국의 대표들은 지속가능한 발전을 위해 2030 의제와 이를 구체적으로 기술한 17개의 지속가능발전목표Sustainable Development Goals; SDGs를 채택했다.

17개의 목표는 다음 그림과 같다.

UN SDGs 17개 목표
출처: 원문 UN, 국문판 유네스코한국위원회

이처럼 유엔 지속가능발전목표(UN SDGs)는 2016년부터 2030년까지 빈곤에서부터 가난, 교육, 지역사회와 환경 등 모든 영역에 걸쳐 17개의 목표를 정하고 169개의 세부목표로 구체화했다. 전 지구적인 문제를 모든 국가와 조직이 함께 해결하기 위함이었다. 2017년 3월에 개최된 유엔 통계위원회 제48차 회의에서는 글로벌 지표 프레임워크를 합의했는데, 이때 231개*의 고유한 지표를 통해 실제로 지속가능발전목표를 어떻게 달성하고 있는지 확인할 수 있도록 했다.

* 총 247개의 고유지표로 구성되어 있지만, 이 중 12개 지표는 두 번 혹은 세 번 중복되어 사용되어 실제로는 231개다.

그러면 지속가능발전목표는 언제부터 논의 된 것일까? 앞서 1972년 유엔 인간환경회의의 주제가 지속가능발전이었음을 언급한 바 있다. 이후 인간과 환경은 계속해서 유엔 회의의 단골 주제였다. 1992년 6월, 세번 스즈키양의 연설이 있었던 리우 회의에서는 178개국 이상이 인간의 삶을 개선하고 환경을 보호하기 위한 지속가능발전을 목표로 '의제 21'을 채택했다. 이는 글로벌 파트너십을 구축하기 위한 포괄적 행동강령이었다. 이외에도 최근에 자주 언급되는 '지구 온난화 방지 협약' '생물다양성 보존 협약' 등이 별도 서명됨으로써 지구 환경보호 활동의 수준이 한 단계 높아지는 계기가 되었다. 2000년 9월, 뉴욕 유엔 본부에서 열린 새천년 정상회의에서는 새천년 선언을 만장일치로 채택했다. 이 정상회의는 2000년부터 2015년까지 전 세계의 극심한 빈곤을 줄이기 위한 8개의 새천년 개발목표(MDGs)를 구체화하고 선포했다. 2002년에는 남아프리카공화국 요하네스버그에서 열린 지속가능발전 세계정상회의(WSSD)가 열렸고, 지속가능발전에 관한 요하네스버그 선언을 했다. 이 선언은 빈곤퇴치와 환경에 대한 세계 공동체의 약속을 재확인하는 기회가 되었으며, 의제 21과 새천년 개발목표 달성을 위해 다자간 파트너십을 강조하는 내용이 포함되었다. 2012년 6월, 유엔 회원국은 다시 브라질 리우데자네이루에 모여 '우리가 원하는 미래The Future We Want'를 위한 세부적인 프로세스를 만들었다. 그리고 드디어 2013년 총회에서 지속가능발전목표 수립과 실행을 위한 공식적인 제안서를 개발하기 위해 전문가 30명을 구성하기에 이른다. 2015년 1월, 유엔 총회는 포스트 2015 개발 의제에 대한 협상을 시작하고, 지속가능발전을 위한 2030 의제로 17개의 지속가능발전목표를 정한다. 마침내 당해 9월 유엔 회원국 모두의 합의로 지속가능발전목표는 통과된다.

ESG와 항상 함께 나오는 단어가 바로 지속가능성이다. 지속가능성은 크게 두 가지 의미를 담고 있다. 지금까지 유엔을 비롯한 국제 사회는 우리가 살아가는 환경과 사회의 지속성을 위해 '지속가능한 발전' '지속가능한 사회'를 목표로 국가와 기업이 노력해야 한다고 이야기했다. 하지만 ESG를 언급하는 투자자들은 지속가능성의 의미를 조금 다르게 생각한다. 투자자가 원하는 지속가능성은 일차적으로 그들이 투자하는 기업의 지속가능성이다. 10년, 100년 이후에도 생존할 수 있는 지속가능성이 확보된 기업에 투자해야 손실을 줄일 수 있기 때문이다. 비재무적 정보인 ESG까지 고려해서 투자하려는 것도 기업이 가진 리스크를 다각도로 분석하여 손실을 최소화하겠다는 의미다. 물론 기업이 ESG를 고려하여 기업 경영을 하면 궁극적으로는 우리 사회와 지구생태계의 지속가능성을 확보하는 데 도움이 되겠지만, 어느 것이 우선적 목적인지는 차원이 다른 이야기일 수 있다.

투자자,
ESG를 이야기하다

ESG라는 단어가 많이 알려진 데에는 세계에서 규모가 가장 큰 투자기관인 블랙록이 한몫했다. 2020년 기준 블랙록이 운영하는 펀드의 순자산총액(AUM)은 8조 7,000억 달러(약 9,960조 원)로 세계 1위였다. 미국과 중국을 제외한 다른 어떤 나라의 국내총생산(GDP)보다 큰 규모다. GDP 세계 10위인 대한민국의 2020년 실질 GDP가 약 1,837조 원 정도임을 감안하면 블랙록의 운영자산 규모가 얼마나 거대한지 알 수 있다.

블랙록은 1988년 뉴욕 맨해튼에서 래리 핑크 회장을 포함한 8명의 동료가 함께 작은 스타트업으로 시작했다. 그리고 불과 30여 년 만에 세계에서 가장 큰 자금을 굴리는 투자기관으로 성장했다. 1999년 10월, 뉴욕 증권거래소를 통해 주당 14달러에 기업공개

(IPO)를 했고 당해 1,650억 달러의 자산을 관리하는 회사로 성장했다. 7년 후인 2006년에는 투자 관리 회사 메릴린치를 인수하여 국제적인 입지를 강화했으며, 2008년에는 전 세계를 강타한 금융위기 해결의 구원투수 역할도 했다. 당시 뉴욕 연방준비은행 총재가 블랙록에게 월가의 5대 투자은행 중 하나인 베어스턴스의 모기지 담보부 증권 자산을 분석하고 가치를 결정해달라고 요청한 것이다. 이처럼 블랙록은 금융위기를 헤쳐 나가려는 전 세계 기관에 핵심적인 자문 역할을 하며 입지를 공고히 했다. 이후 2009년 BGI와 같은 글로벌 투자사를 인수하여 24개국에 직원을 두는 세계 최대 자산 운용사가 되었다. 그리고 2017년부터 블랙록은 장기적 수익이라는 목적의 중요성을 강조하면서 투자 관리에 대한 원칙을 강화했다. 그 원칙을 기반으로 기업과 협력하여 장기적이고 지속가능한 재무 성과와 궁극적으로 고객 자산의 가치를 주도하기 시작했다.

블랙록의 래리 핑크 회장은 2012년부터 매년 연례 서한을 보내고 있다. 그중 2020년 1월 투자기업 최고경영자에게 보낸 편지가 특히 화제 되었다. 그는 편지에서 앞으로 기후변화가 금융 시장에 불확실성을 초래하는 '장기 투자 리스크'라고 밝히며, 기후를 앞세운 ESG 논의에 방아쇠를 당겼다. 래리 핑크 회장은 고객, 즉 투자자들을 향해 "지속가능성을 모든 투자 방식의 중심에 둘 것"이라고 말했는데, 세계적으로 가장 영향력이 큰 투자기관의 수장이 '최우선 순위'로 지속가능성을 지목하자 시장에 큰 반향이 생긴 것은 어쩌면 당연한 결과였다. 블랙록은 2020년 말 기준 기후변화 대응 노력이 부족한 244개 기업 중 62개 기업에 대해 의결권을 행사했다. 해당 기업 주주들의 환경 관련 제안 9건 중 8건에 찬성하며, 기업이 기후변화 대응에 적극적으로 나서도록 강조하는 등 압력을 넣은 것이다. 나머지 182개 기업에 대해서도 기후변화 대응에 진전이 없을 경우 2021년에 이사회 교체 건의 등에 의결권을 행사할 예정이라고 밝혔다. 실제로 블랙록의 주주 관여 건수는 2018~2019년 2,050건에 비해 2019~2020년은 3,040건으로 48% 증가했다.

블랙록이 2020년 말에 세운 한국기업에 대한 주주 관여 계획은 크게 다섯 가지 주제로 구성되어 있다. ▲이사회 ▲기업 전략 및 자본 배분 ▲장기적 사고를 촉진하는 임원 보상체계 ▲환경적 리스크 및 기회 ▲인적 자본 관리가 그것이다. 이 중 이사회를 가장 중요하게 보고 있는데, 다양하고 필요한 경험을 가진 이사진들로 구성되어 있는지를 확인하겠다는 것이다. 상대적으로 한국은 주주 승인이 필요한 많은 안건이 상법상 이사회에서 결의되는 경우가 많다. 그만큼 한국은 이사회 중심의 경영이기에 블랙록은 이사회를 중요하게 보겠다고 한 것이다. 최근 많은 한국기업이 이사회 내에 ESG 위원회를 만들거나, 이사회 구성의 다양성을 확보하고자 노력하고 있다. 이러한 움직임은 블랙록과 관련이 없진 않을 것이다. 블랙록은 기후변화와 저탄소 전환에 대한 전략을 강조하며, 지속가능성과 관련해 회사의 목적과 재무 전략에 대해서도 확인할 예정이다. 그리고 회사를 운영하는 경영진들이 어떻게 인센티브를 가져가는지, 그것이 주주들의 가치와 연결되는지도 확인하겠다고 말하며, 이 부분이 특히 한국기업의 공시가 부족한 부분이라고 지적했다. 마지막으로 회사가 직원과 고객, 지역사회를 비롯해 사람들에게 끼치고 있는 영향을 중요하게 볼 예정이라고 밝혔다.

지속가능성과 기후변화에 초점을 맞춘 블랙록은 투자자들에게 더 나은 위험조정 수익률을 제공할 수 있다는 확신에 따라, 세 가지 형태의 ESG 전략을 구사하고 있다. 지속가능한 솔루션Sustainable Solutions, ESG 통합체계ESG integration, 투자 스튜어드십Investment Stewardship이 바로 그것이다. 이 중 투자 스튜어드십은 블랙록 ESG 전략만의 차별점으로 꼽힌다. 블랙록의 경우 패시브 전략인 인덱스 펀드의 운용 규모가 큰 만큼, 이에 맞는 ESG 투자 방침을 설정하고 있다. 패시브 펀드는 액티브 펀드와는 달리 특정 종목을 배제하기가 어렵다. 따라서 주주 관여를 통해 포트폴리오에 속해 있는 기업이 리스크 관리를 잘할 수 있도록 유도하는 것이 매우 중요하다. 오랜 기간 진행되는 투자이기 때문에 해당 기업에 개선을 요구하고, 또 계속 모니터링하면서 필요에 따라 의결권까지 행사하며 실질적인 변화를 유도해야 하는 것이다. 과거에도 사회책임투자(SRI)라는 이름으로 투자 시 종교적인 신념을 내세우며 노예나 도박, 마약, 무기 거래 등으로 이익을 얻는 기업에 투자하지 않는 배제screening 전략이 사용되었다. 그리고 이러한 배제 전략은 ESG 투자 관점에서도 활용된다. 기관투자자*

들이 한전이나 KT&G, 포스코에너지와 같이 ESG에 역행하는 기업에 투자하는 비중을 줄이는 것이 그 예다. 배제 전략보다 적극적인 방식으로는 임팩트 투자가 종종 언급되는데, 이는 특정한 결과를 목표로 자금을 투자하는 것을 의미한다. 기후변화, 교육 문제 해결 등 특정 분야의 긍정적인 결과를 얻기 위해 자금을 투자하고자 하는 고객들이 임팩트 투자를 취하는 것이다.

블랙록이 가장 중요하게 생각하고 있는 것은 기존의 투자 방식에 ESG를 녹여내는 ESG 통합 전략이다. 이와 유사한 단어로 ESG 어웨어 등이 존재하는데, 이들 모두 ESG를 통합한 투자 전략을 의미한다. 이미 시장에서는 ESG를 고려한 투자가 장기 성과에 연관성이 있다는 신뢰가 충분히 존재한다. 하지만 투자자 입장에서는 기존 투자에 훨씬 더 정교한 ESG 데이터와 인사이트를 판단의 근거로 활용해야 하니, 숙제가 생긴 것이기도 하다. 이미 무늬만 ESG 펀드, ESG 채권이라는 이야기가 나오고 있는 상황이라 투자자들을 위한 명확한 근거와 기준 마련이 시급하다. 시장에는 모건스탠리캐피털인터내셔널(MSCI), 서스테이널리틱스, 한국기업지배구조원, 서스틴베스트 등 ESG 데이터를 제공해주는 많은 제3의 기관이 있다.

그런데 현재 ESG에 대한 비판 중 하나는 평가기관마다 ESG 평가 결과가 다르다는 점이다. 또한 평가에 사용되는 일차적인 데이터 소스가 기업 내부에 있으므로 기업이 공시하는 데이터의 질이 ESG 평가에 큰 영향을 미친다는 우려도 있다. 그렇다면 ESG 평가 결과는 평가기관마다 동일해야만 할까? 이에 대한 논의는 뒤에서 다시 하기로 하자.

유엔 책임투자원칙이 말하는 ESG

이 책을 읽는 독자 중 투자자도 있을 것이다. 우리의 투자기준은 무엇인가? 주식거래 등 투자를 하는 사람이라면 블루칩, 즉 우량주를 찾고자 노력한다. '바이오 주식이 뜬다' '빅데이터, 메타버스 관련주에 관심을 가져야 한다' 등의 이야기를 종종 듣기도 할 것이다. 이때 우리의 최종 판단 기준은 매입하려는 주식의 가격이 향후 상승 가치가 있는가이다. 보통 좋은 주식을 선택하는 요령으로, 저평가되어 있고 시장흐름에 맞고 평소 관심 있게 보아온 종목을 골라야 한다고 이야기하지만, 이는 말처럼 쉽지 않음을 누구나 알고 있다. 그렇다면 기관투자자들은 어떤 투자 원칙을 갖고 투자할까?

앞서 살짝 언급했지만, ESG라는 단어가 유명해진 것은 2006년 책임투자원칙(PRI)이 출범되면서이다. 2005년 초, 당시 유엔 사무총장인 코피 아난은 책임투자원칙을 개발하기 위해 세계 최대 기관투자자 그룹을 초청했다. 12개국의 기관에서 뽑힌 20명의 투자자 그룹은 투자 분야, 정부 기구 및 시민사회 전문가 70명의 지원을 받으며 책임투자원칙을 만들기 시작했다. 그리고 2006년 4월 뉴욕 증권 거래소에서 책임투자원칙을 공표했다. 유엔은 책임투자원칙이 출범할 때부터 지지해 왔다. 특히 유엔 환경계획 금융 이니셔티브(UNEP FI)와 유엔 글로벌콤팩트는 책임투자원칙의 파트너가 되어

2006년 4월 27일, PRI 설립 당일
출처: UN PRI 홈페이지

책임투자원칙 이사회에 참여하는 것은 물론, 이 원칙을 이행하기 위한 전략을 전파하는 역할도 하고 있다. 회원사가 책임투자를 배우고, 협력하고, 조치를 취할 수 있도록 말이다.

이러한 노력의 결과로 책임투자원칙에 서명한 기관의 수는 2021년 10월 기준 4,400곳 이상으로 증가했다. 책임투자원칙은 다음과 같은 6개의 주요 내용을 담고 있다.

원칙 1   우리는 ESG 이슈를 투자분석 및 의사결정 프로세스에 통합한다

원칙 2   우리는 적극적인 투자자가 될 것이며 ESG 이슈를 투자정책 및 관행에 통합한다

원칙 3   우리는 우리가 투자하는 대상에게 ESG 이슈에 대한 적절한 공개를 요구한다

원칙 4   우리는 투자산업 내에서 책임투자원칙의 수용과 이행을 촉진한다

원칙 5   우리는 책임투자원칙 이행의 효율성을 높이기 위해 함께 노력한다

원칙 6   우리는 책임투자원칙 이행을 위한 우리의 활동과 진행상황에 대해 각자 보고한다

이 6개 원칙은 ESG 문제를 투자 관행에 통합시키는 자발적인 투자 원칙이었다. 그리고 책임투자원칙의 임무 또한 다음과 같이 정의되어 있다. "우리는 경제적으로 효율적이고 지속가능한 글로벌 금융 시스템이 장기적인 가치 창출을 위해 필요하다고 믿습니다.

이러한 시스템은 장기적으로 책임 있는 투자에
대한 보상을 제공하고 환경과 사회 전체에 혜택
을 줄 것입니다. 책임투자원칙은 원칙의 채택과

* 데이터베이스 자료의
오류 없는 정확성과 안
정성을 의미한다.

이행에 대한 협력을 장려하고 좋은 거버넌스, 무결성* 및 책임을 촉
진하고 시장 관행과 구조 및 규제 내에 있는 장애물을 해결함으로
써 지속가능한 글로벌 금융 시스템을 달성하기 위해 노력할 것입니
다.” 이 원칙은 투자자에 의해, 투자자를 위해 개발되었다. 이 원칙
에 서명한 기관은 보다 지속가능한 글로벌 금융 시스템을 개발하는
데 기여해야 했다.

책임투자원칙 회원사 수

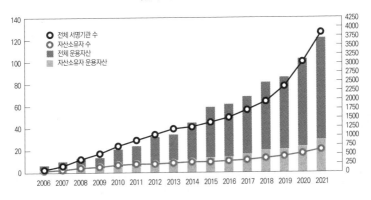

출처: UN PRI 홈페이지

하지만 이 원칙에 서명한 기관은 6개 원칙을 잘 준수했을까? 강
제성이 약한 자유로운 약속이었기에 실제로 책임 있는 투자를 하고

있는지에 대한 반성과 실행이 필요하다는 자성의 목소리가 있었다. 원칙의 이행 없이 서명으로만 만족했던 기관들이 변화의 필요성을 느낀 것이다. 그래서 2017년 책임투자원칙은 '책임 있는 투자를 위한 청사진'을 발표했다. 책임투자원칙 10주년을 맞아 서명한 기관의 책임을 강화하는 것에 초점을 맞춘 계획을 제시한 것이다. 이 계획은 서명한 기관이 달성해야 하는 최소한의 활동을 정의하고, 이 표준을 충족하지 않는 기관을 모니터링하며 독려한다. 그런데도 2년 동안 이를 충족하지 못하는 기관은 책임투자원칙 회원사에서 제명된다. 2년 뒤인 2019년에는 실제로 유엔 책임투자원칙에 가입한 회원사들이 ESG, 특히 기후변화 등의 환경을 고려한 투자를 얼마나 하고 있는지 공개했다. 그 결과 그동안 다소 소극적이던 투자자 및 금융권들도 ESG에 관심을 두기 시작했다. 우리나라의 금융권을 비롯하여 많은 기업이 ESG 경영을 선언하고, ESG 전담 조직을 만들고, ESG 이사회를 구성하기 시작한 것도 이때쯤이다. 앞서 말한 원칙은 2020년 11월 12일 업데이트되었는데, ESG 요소가 투자분석 및 실행에 어떻게 통합되고 있는지를 자세히 보고해야 한다는 내용이 추가되었다. 그리고 원칙에 따라 검토한 결과, 책임투자원칙 회원 자격을 위한 최소 요구사항을 충족하지 못해 2021년에 제명될 위험이 있는 기관이 15곳이라고 발표하기도 했다.

ESG가 투자자 중심의 용어가 아니라고 말하는 사람도 있다. 물론 지속가능성을 위한 ESG는 투자자만이 아니라 모두가 관심을 두어야 하는 분야다. 하지만 학계 및 기업은 이미 그들의 용어대로 '지속가능경영'이라고 표현해왔다. 책임투자원칙만 보더라도 ESG 는 투자 분야에서 많이 강조하고 사용하는 단어임을 확인할 수 있다. 기업에서 지속가능경영 관련 업무를 해온 사람 입장에서는 ESG 를 강조해준 투자자에게 고마움을 갖고 있다. 같은 이야기라도 기업 내부자가 아닌 막대한 자금으로 큰 영향력을 발휘하는 투자자들이 이야기해주니 세상이, 기업이 더 빠르게 반응하며 변하고 있기 때문이다.

위기에 취약한 ESG 부실기업

2021년 4월 1일 한국은행은 ESG가 부실한 기업의 채권과 주식을 사지 않는 것을 검토하겠다고 밝혔다. 예를 들어 탄소 배출량이 많은 기업에 투자를 중단하는 등 소위 '네거티브 스크리닝' 전략을 적용하겠다는 것이다. 네거티브 스크리닝이란 ESG 평가 결과가 나쁘거나, ESG 측면에서 취약한 항목이 있을 경우 투자 포트폴리오에서 배제하는 것을 의미한다. 반대 용어는 '포지티브 스크리닝'으로, ESG 우수기업 자산을 적극적으로 매입하는 투자 전략을 뜻한다. 네거티브 스크리닝 전략은 스웨덴중앙은행이 2020년 11월 처음으로 추진을 선언했다. 한국은행을 포함한 타 중앙은행도 고려 중이라고 하니 앞으로 ESG가 부실한 기업은 투자받기가 더 어려워질 전망이다. 한국은행은 외화보유액을 외국의 채권, 주식 등에 투자하고 있다. 2020년 말 기준 운용하는 외화자산은 4,301억 달러이며, 이는 전 세계 중앙은행 중 9위에 해당하는 규모이다. 이러한 한국은행이 네거티브 스크리닝 전략에 따라 ESG 부실기업을 블랙리스트에 올리고 투자를 자제하겠다고 하는 것이다. 투자할 기업은 모건스탠리캐피털인터내셔널(MSCI)의 ESG 등급을 기준으로 선별한다는데, MSCI는 ESG 등급을 AAA부터 CCC까지 총 7개로 나누고 있다. 한국은행은 포지티브 스크리닝 전략도 병행할 방침이다. 2020년 말 54억 5,000만 달러 규모인 ESG 자산을 더 사들이는 등 외화자산 운용액 중 ESG 투자 비중을 지속해서 늘리겠다는 것이다.

한국은행뿐 아니라 국민연금도 ESG를 고려한 투자에 적극적이다. 국민연금이 운용하는 금액은 2020년 말 기준 834조 원에 이르고, 2021년 말에는 900조 원을 넘어설 것으로 보인다. 국민연금도 이러한 막대한 금액의 50% 이상을 ESG를 고려하여 투자하겠다고 선언했다. 환경의 경우 기후변화와 그에 대한 대응성 등이, 사회 분야에서는 인권과 근로자의 능력 개발 그리고 산업 안전이, 거버넌스 측면에서는 주주의 권리, 이사회의 투명성과 공정성, 배당 등이 평가 요소가 된다. 이를 반영해 국민연금은 자체 평가 기준을 만들고 사용 중에 있다. ESG를 고려하는 투자 방식은 단기적으로는 비용이 든다. 기존의 투자 결정 방식보다 추가로 고려할 것이 많기 때문이다. 하지만 중장기적으로 보면 ESG 측면의 위험을 사전에 감지해 예방하고 관리함으로써 기업의 체질을 개선하고 기업의 미래 가치를 높이는 일이다. 그래서 국민연금 관계자는 궁극적으로 올바른 투자 방식이라고 설명하기도 했다.

ESG가 취약하여 어려움을 겪은 기업의 사례는 많이 찾아볼 수 있다. 미국 알래스카주 코르도바 해안에서 발생한 엑손 발데즈호 원유 유출사건은 가장 큰 해양오염 사건의 하나로 기억된다. 1989년 3월 24일 정유회사인 엑손 소속의 유조선 발데즈호가 알래스카 해안에 좌초하면서 바다에 수만 톤의 원유가 유출되는 사고였다. 이후 기름 제거 등 초기 정화작업에만 꼬박 3년간 21억 달러를 들였지만, 오염된 어장은 복구되지 않았다. 회사 측은 피해 주민 1만 1,000명에게 3억 달러를 지원하며 사건을 수습하고자 했다. 그러나 삶의 터전을 잃은 피해 주민 3만 2,000여 명이 집단소송을 제기하면서 길고 긴 법정 공방이 시작되었다. 주민들이 조업을 포기한 채 소송과 판결, 항소가 반복되었고, 빚더미에 올라앉은 코르도바 지역에선 알콜과 마약 중독자가 늘어갔다. 빈곤에 따른 가정파탄과 이혼 및 자살률도 급증했다. 소송을 제기한 주민 3만 2,000여 명 가운데 1,000여 명은 호흡기 질환과 뇌종양, 각종 암 발병으로 사망하기도 했다. 결국 엑손은 피해액의 5배에 달하는 배상액을 선고받았다. 이후에도 미국 환경보호국은 "엑손이 큰 규모의 기름 유출 사고에 대비하지 못했다"라고 말하는 등 엑손을 향한 비난의 목소리가 한 동안 끊이지 않았다.

이제는 잊혀질 만한 엑손모빌이 다시 한번 세간의 화제가 된 사건이 있었다. 엑손모빌은 《포춘》 선정 500대 기업 순위에서 총 13차례나 1위에 오른 대기업이었지만, 2021년 기준으로 10위까지 떨어졌다. 그리고 20년 넘게 적자를 기록한 적 없다가 2020년에 224억 달러라는 큰 손실을 보며, 《포춘》 선정 500대 기업 중 최대 손실을 기록한 장본인이 되었다. 이러한 엑손모빌에 2021년 5월, 주주 행동주의를 표방하는 엔진 넘버원이 ESG를 중시하는 인사들을 추천했고, 마침내 이사회 구성에 변화가 생겼다. 엑손에게 ESG 관련 이사진이 필요한 이유는 무엇일까? 컬럼비아대학 기후변화법 사빈센터 설립자인 마이클 제러드Michael Gerrard는 엑손이 현재 기후변화와 관련해 지방 정부와 주정부로부터 20건의 소송에 직면해 있으며, 미국 내에서 기후변화 관련 소송에 있어 '타의 추종을 불허하는' 피고 기업이 되었다고 설명했다. 실제로 뉴욕 주 검찰총장이 지난 2019년 기후변화로 인해 직면할 위험을 과소평가했다는 혐의로 엑손을 제소하기도 했다. 또한 엑손은 탄소 배출 정책과 관련하여 비판받고 있다. 경쟁사인 BP와 셸은 석유 및 가스 관련 탄소 배출에서 가장 큰 부분을 차지하는 'Scope 3'의 감소를 목표로 했다. 반면, 엑손은 자체 배출 혹은 에너지 발전 과정에서 배출되는 탄소량인

'Scope 1'과 'Scope 2'만 보고하는 것으로 충분하다는 입장을 고수했기 때문이다.*

* Scope 1은 회사가 직접 소유·운영하는 설비자산의 탄소 배출, Scope 2는 다른 기업으로부터 구매한 에너지 발전 과정상의 탄소 배출, Scope 3는 제품의 최종 사용 등 밸류체인 활동에 따른 간접 배출을 의미한다.

이처럼 ESG가 중요해진 지금, ESG 경영을 잘하지 못하는 기업은 투자자와 지역사회, 그리고 고객에게 외면받을 가능성이 커졌다. 게다가 사회적 가치를 중요하게 생각하는 MZ세대가 소비의 주류가 되는 시장에서 ESG 경영을 하느냐, 하지 않느냐는 더욱 중요한 요소다.

일석이조의 투자 습관, ESG

이제 주식투자는 더 이상 성인에게만 해당하는 이야기가 아니다. 2021년 4월 한국예탁결제원은 19세 이하 투자자 수가 27만 4,000명으로 전년(9만 9,000명) 대비 177% 급증했다고 밝혔다. 10대 투자자들이 보유한 금액은 3조 6,000억 원에 달할 정도로 그 규모 또한 결코 작지 않다. 이러한 미성년 주식투자 열풍은 청소년들에게까지 한탕주의가 확산했다는 평가가 있기도 하지만, 주식을 통해 조기 경제교육을 하려는 '마마 개미' '파파 개미' 덕에 '10대 개미'가 부쩍 느는 것이 사실이다. 그동안 주식시장은 '투기판'이라는 인식이 강해 아이들에게 주식을 권하는 일이 많지 않았다. 하지만 이런 인식은 크게 변했다. 투기가 아닌 투자로, 일반적인 경제활동 중 하나라는 것이다. 이제는 아이들에게 주식투자를 적극적으로 권하고, 주식으로 세뱃돈과 용돈을 주는 문화까지 자리 잡고 있다. 또한 주식 계좌는 증여세 절감 수단으로도 사용된다. 만 19세 미만의 미성년 자녀에게 10년간 2,000만 원 한도 이상 증여할 경우 증여세를 물어야 하는데, 증여받은 현금으로 주식을 매입해 해당 주식의 가치가 상승하면 그 이익으로 증여세를 절감하는 효과를 얻을 수 있기 때문이다. 주식 자체를 직접 증여하면 2,000만 원까지 비과세다. 특히 상장주식 증여액은 증여 시점 전후 각 2개월 종가평균액을 기준으로 산출하기 때문에 최근 4개월간 주가가 하락한 주식을 증여하면 재산가액과 세금이 줄어드는 효과도 있다. 더욱이 주식 수익금이나 배당금 등 원금을 제외한 이익은 증여세 부과 대상이 아니다. 이처럼 다른 자산에 비해 절세 폭이 크기 때문에 인기도 높아지고 있다. 그러나 주식을 통한 절세, 증여 등은 주식가격이 상승하면 해피엔딩인 시나리오이지만, 반대의 경우에는 손해를 볼 수도 있기 때문에 주의할 필요가 있다.

주식투자는 실제로 경제 공부에 도움이 될까? 주요 경제요인과 주가의 관계를 살펴보다 보면 경제 공부가 되는 것이 사실이다. 경기변동과 주가가 같은 사이클을 그리는 것과 경제성장률과 주가가 비례하는 현상, 반면 금리와 주가는 반비례하는 이유와 통화량과 주가, 환율과 주가, 경상수지와 주가, 국제유가 및 원자재 가격과 주가 등, 주식을 매개로 많은 경제요인을 살펴볼 수 있으니 말이다.

그런데 이제는 투자를 가르쳐줄 때 경제요인 이외에 ESG도 가르칠 필요가 있게 되었다. 투자 대상이 환경, 사회 그리고 거버넌스 측면에서 어떠한 상황인지 알 필요가 있다는 것이다. 과거 엑손, 나이키를 포함해 남양유업, 대한항공과 같은 사례도 살펴볼 필요가 있다. 남양유업의 경우 한때 주당 가격이 1,175,000원까지 오른 적도 있었지만, 여러 사회적인 문제를 일으킨 후에는 252,000원까지 하락했다. 이후 사모펀드인 한앤컴퍼니가 인수한다는 것이 알려지자, 오히려 오너리스크가 해소되면서 주가가 대폭 상승하는 등 안정세를 찾아가는 모습을 볼 수 있었다. 대한항공도 마찬가지다. 49,736원까지 올랐던 주가는 대한항공이 가진 오너리스크와 코로나19 등의 악재로 8,299원이라는 저점을 찍고 등락을 되풀이하고 있다. 투자의 기준이 달라져야 함을 알 수 있는 대목이다. 기업의 매출액, 영업이익 등 재무적인 실적과 성과만 고려한 투자는 많은 리스크에 무방비로 노출되는 셈이다.

앞으로 투자는 어떻게 해야 할까? 투자계의 전설인 워런 버핏은 가치투자를 고수했다. 가치투자는 주가로 평가하는 게 아니라 기업 자체를 평가해, 주가가 기업가치보다 쌀 때 매수하여 오를 때까지 기다리는 방법이다. 기업가치를 평가할 때는 매출, 순익, 배당, 자산 등을 고려한다. 즉 기업의 가치와 주가는 일치하려는 속성이 있어서 가치투자가 성공할 가능성이 크다고 보는 것이다. 가치투자를 하고자 한다면 우선 기업가치 평가지표로 저평가 주를 가려내야 한다. 기업가치 평가지표는 자기자본이익률(ROE), 주가수익비율(PER), EV/EBITDA(에비타), 주가순자산비율(PBR) 등이 대표적이었는데, 이제는 해당 기업의 ESG 등급도 포함해야 한다. MSCI와 같은 사이트에 접속하면 각 기업의 ESG 등급을 쉽게 확인할 수 있다. 앞서 블랙록, 국민연금 등 투자기관들이 재무적인 지표 외에 ESG와 같은 비재무 정보 또한 강조하고 있다고 말했듯이, 지속가능성을 투자 원칙으로 삼을 만큼 중요한 지표가 된 것이다. 이제 투자자는 두 마리 토끼를 잡을 수 있게 되었다. ESG를 고려해 투자한다면 리스크가 적은 기업에 안정적으로 투자할 수 있다. 그리고 기업들이 ESG를 잘하도록 유도함으로써 궁극적으로는 우리의 환경, 사회, 거버넌스가 지속가능한 발전을 할 수 있도록 돕는 주체도 될 수 있다. 어느 회사 주식을 살까 고민이 된다면 당장 그 회사의 ESG 수준부터 확인해보는 습관을 지녀보면 어떨까.

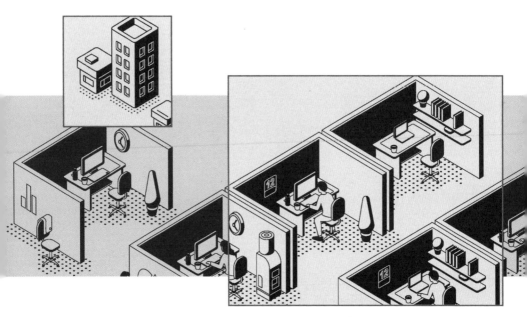

2장

정의로운
환경

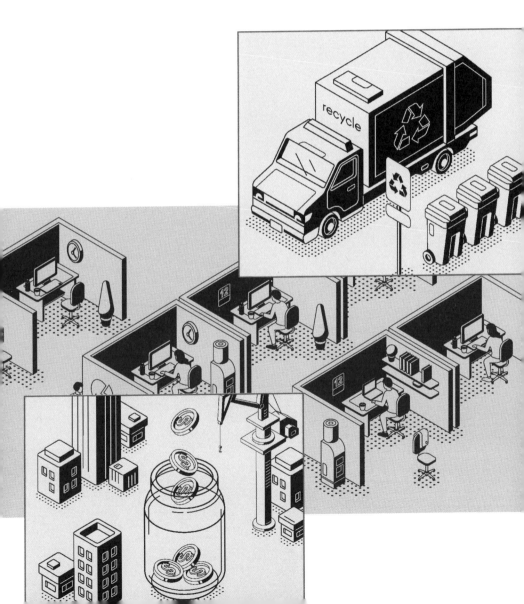

최악의 대기오염, 런던 스모그

1952년 12월 5일에서 9일 사이, 영국 런던에 짙은 안개가 발생했다. 상공에 안정된 고기압에 의해 대기 정체가 일어났고, 무풍 현상과 기온역전으로 인해 지표에 차가운 안개가 발생한 것이다. 마침 추운 날씨가 지속되어 런던에서는 석탄을 이용한 난방이 증가했고, 도로에는 경유 차량이 늘어나면서 다량의 대기 오염물질이 공기 중으로 배출되었다. 아황산가스 등 배출된 오염물질은 차가운 대기 중에 머물며 안개와 결합해, 강산성인 수소이온농도(pH) 2의 황산 성분을 가진 안개가 만들어졌다. 이러한 현상은 일주일간 지속했고, 이 기간에 매연 1,000여 톤, 이산화탄소 2,000여 톤, 이산화황 370여 톤이라는 엄청나게 많은 오염물질이 매일 안개 속으로 배출되었다. 이때 만들어진 짙고 유독한 스모그는 가시성이 1m 밖에 안

되는 정도의 시정 악화와 지상 교통 마비 등, 일상생활에 막대한 영향을 미쳤다. 스모그는 실내로도 스며들어 사람들의 눈과 목 등을 자극했고 만성 기관지염, 천식, 폐 섬유증과 같은 호흡기 질환 유발로 4,000여 명에 달하는 많은 사망자를 발생시켰다. 당시 런던 시민들은 짙은 안개에 익숙해 있었기에 앞을 분간할 수 없을 만큼 어두워 교통이 마비될 지경이었는데도 스모그의 심각성을 인식하지 못했다. 일반 시민뿐 아니라 의사나 정부 관료 역시 무슨 일이 일어나고 있는지 전혀 파악하지 못했다. 익숙함으로 인해 큰 피해를 입은 것이다. 이러한 런던 최악의 스모그는 12월 9일 강한 바람이 불면서 조금씩 사라졌지만, 이후에도 많은 사람들이 호흡기, 심장, 혈관 계통의 질병으로 장애에 시달리며 8,000여 명의 사망자를 추가로 발생시켰다.

수많은 사람이 희생된 런던 스모그 사건은 전 세계 각국이 대기오염에 대한 경각심을 갖게 했다. 영국 정부는 이 사건을 계기로 대기질 개선을 위한 근본적인 대책을 마련했다. 대기오염 문제를 정확히 진단하기 위해 1953년 특별 조사위원회인 비버 위원회를 만들고, 1956년 비버 위원회가 제출한 보고서를 바탕으로 청정대기법 British Clean Air Act을 제정했다. 이 법은 스모그 사건의 재발 방지를 목적으로 만들어졌지만, 가정용 난방 기구에서 발생하는 연기, 재, 먼지 등을 다룬 최초의 법안이기도 했다. 가정 난방용으로 석탄 대신 천연가스, 석유, 무연탄, 전기를 사용하도록 지원해주는 내용이 법에 포함되어 있었다. 또한 무연 지구Smokeless zone라고 불리는 오염물질 규제 지역도 설정하여, 그 지역 내에서는 정부가 허가한 연료만을 사용할 수 있도록 규정했다. 이는 런던의 대기질을 크게 개선시키는 성과를 냈다.

런던 스모그, 일명 그레이트 스모그 사건은 피할 수 없었을까? 스모그는 100년 넘게 영국 주요 도시에서 볼 수 있는 특징이었다. 런던 스모그로 수천 명이 죽기 전까지 사람들은 스모그를 필요악으로 받아들였다. 환경전문가인 스테판 모슬리 박사는 "영국 도시에서 석탄 연료의 연기는 직장과 가정의 안락함을 위한 절충안으로 100년 이상 용인되었다. 어떤 사람들은 대기오염을 영국의 산업 활력의 가시적 척도로 찬양하기까지 했으며, 타오르는 석탄 불꽃은 '가정과 난로'의 아늑한 의미를 지닌 사치로 여겨지기도 했다."*라고 말한다. 일부 대중은 대기오염 문제의 심각성을 제기했지만, 정부의 반응은 둔했다. 런던 스모그로 많은 사람이 사망하자 정부는 독감 발병 때문이라고 주장하기까지 했으며, 결국 제대로 된 사망 원인 조사를 명령하기까지 7개월이나 걸렸다. 마침내 원인이 최악의 스모그로 밝혀지면서 4년 후인 1956년에서야 무연 지구를 설정하고 오염된 연료의 연소를 금지하는 청정대기법이 발효된 것이다. 이 법을 만들 때 일부 사

* 2015년 12월 22일자 BBC 기사

람들은 "가난한 사람은 비싸고 깨끗한 연료를 구할 수 없어서 얼어 죽거나, 굶어 죽을 수 있다"라고 했으나, 실제로 이러한 일은 일어나지 않았다. 일단 규제가 생기면 사람들은 이것을 준수할 수 있으면서도 저렴한 방법을 찾아내기 때문이다. 런던의 사례로 배울 수 있는 주요한 교훈은 사람들이 습관을 바꾸도록 설득하고 정부의 변화를 강제하는 것은 매우 어렵지만, 변화가 필요하다면 과감히 행동해야 한다는 것이다. 과거에는 자신의 집에서 석탄을 태우는 권리가 정부도 어쩌지 못하는 불가침의 자유로 여겨졌다. 하지만 1952년 스모그 사건을 통해 영국 정부는 개인의 자유에 영향을 미치더라도 더 중요한 것을 지키기 위해 큰 결심을 했다. 우리는 환경을 위해 불편을 감수할 수 있을까? 우리집 안에서 일어나는 일까지 규제를 받는다면 어떨까? 아픈 역사가 되풀이되는 일이 없기를 바란다면 우리 또한 희생해야 할 것이 있음을 알아야 한다.

생분해되지 않는 생분해 플라스틱

　'본 내용물은 생분해성 용품(PLA, 폴리 젖산)으로 일반쓰레기에 버려주십시오.' 어느 프랜차이즈 카페에서 제공하는 포크 포장재에 적혀있는 문구이다. 유엔 환경계획은 2018년 세계 환경의 날 주제를 '플라스틱 오염의 종말'로 정하고 더 늦기 전에 각 정부와 민간이 힘을 합쳐 플라스틱 사용을 줄이고 대체품을 찾아야 한다는 캠페인을 진행했다. 그래서인지 지금은 다양한 생분해성 플라스틱을 쉽게 찾아볼 수 있다. 플라스틱은 우리 일상을 너무 많이 차지하고 있는 물질이다. 유럽플라스틱제조자협회(EUROMAP) 추산에 따르면 2020년 한국인의 1인당 연간 플라스틱 사용량은 145.9kg으로, 벨기에와 대만에 이어 세계 3위에 해당한다고 한다. 이처럼 플라스틱 소비가 많은 우리에게 생분해성 플라스틱은 환경에 대한 죄책감을 줄여 주는 희망적인 단어가 되었다.

생분해성 플라스틱은 폐기 시 소각하지 않더라도 특정 조건에서 빛이나 온도, 미생물 등의 작용으로 수개월 안에 물, 이산화탄소, 무기염 및 신규 바이오매스로 전환되는 제품을 뜻한다. 좀 더 자세히 살펴보자. 우리나라 생분해성 수지 제품은 환경 기술 및 환경산업 지원법 17조에 따라 환경표지 인증을 받았거나 대상 제품별 인증기준에 맞는 제품이라고 정의한다. 또한 환경표지 인증기준에 따르면 '생분해성 제품'은 제품을 구성하고 있는 수지가 생분해성 수지로만 이루어져야 하며, 사용 후 매립 등 퇴비화 조건은 자연계에 존재하는 미생물에 의해 생분해되는 수지로 규정하고 있다. 즉, 생분해성 수지 제품은 퇴비화 조건 속에서 처리되어야 하는 것이 환경표지인증의 핵심 근거다. 일반 플라스틱이 썩는데 500~1,000년 걸리는 것에 비해 얼마나 친환경적이고 획기적인 제품인가? 현재 생분해 플라스틱은 PLA 이외에도 폴리히드록시알카노에이트(PHA), 석유 기반 생분해 플라스틱(PBAT) 등 종류도 다양하다.

앞서 예를 는 PLA를 이용하여 제품을 생산하는 어느 기업은 옥수수에서 추출한 성분인 PLA로 100% 친환경 플라스틱을 만든다며 홍보하기도 했다. 사용 후 땅속에 매립하면 180일 후 물과 이산화탄소로 완전 분해된다는 점이 기업의 ESG 경영에 도움이 되기 때문이다. 플라스틱이 땅속에서 180일 만에 물과 이산화탄소로 완전히

분해된다니 얼마나 다행이란 말인가?

그런데 실제로 생분해 플라스틱은 잘 분해될까? 카페에서 가져온 PLA 제품을 앞마당에 묻은 적이 있다. 실제로 분해되는지 실험해 보고자 한 것이다. 이론대로라면 약 2~3개월 정도가 지나 형체에 변형이 생기고, 5개월이 넘으면 대부분 분해되어야 했다. 하지만 현실은 그렇지 않았다. 5개월이 지나도 첫 모습 그대로, 분해될 기미가 전혀 보이지 않는 PLA 제품을 확인할 수 있었다. 사실 생분해성 수지 중 많이 사용되는 PLA 제품만 하더라도 일반적인 매립조건에서는 생분해가 되지 않는다. 관련 논문에 의하면 58℃±2℃, pH7 등과 같은 생분해되는 조건이 아닐 시 PLA로 만든 제품이라도 분해되는데 1,000년이 걸릴 수 있다고 하니 일반적인 플라스틱과 크게 다를 바 없다.

생분해성 수지 제품은 최근 5년간 4.3배 이상 증가했고 인증받은 기업도 3.8배 늘어났지만, 별도의 처리 방법 없이 소각되거나 매립되고 있는 실정이다. 환경부는 생분해 플라스틱은 재활용이 아닌 종량제봉투에 넣어 버리라는 지침을 내리고 있다. 그런데 종량제봉투의 약 52%는 소각되기 때문에 생분해성 제품만의 특징인 퇴비화 및 생분해는 바랄 수 없는 상황이다. 재활용으로 분리배출하면 재활용 품목으로 구분되지 않아 선별장에서 애물단지가 된다. 그런데도 시장은 일반 플라스틱보다 다섯 배나 비싼 생분해 플라스틱을 사용해

생분해되지 않는 생분해 플라스틱

서 제품을 만들고, 소비자에게는 생분해성을 강조하며 환경오염에 대한 면죄부를 주고 있다. 그리고 심지어 소비자의 기대와 달리 실제로는 생분해되지 않는 환경으로 던져진다.

어떻게 해야 할까? 생분해성 수지 제품의 사용과 폐기에 대한 분명한 지침이 필요하다. 그리고 기업은 생분해성 수지를 사용함에 있어 정확한 정보를 소비자에게 전달해야 한다. 생분해성 플라스틱을 사용하는 이유는 뭘까? 우리와 미래세대와 환경을 위해서이다. 그런데 현재의 생분해 플라스틱 사용과 처리 방식은 그 어느 것에도 도움이 되지 않는다. 더 비싼 대가를 지불하고도 환경을 위해 좋은 일을 했다는 자기만족과 위안만 받을 수 있을 뿐이다.

러브캐널사건의 교훈

　미국 뉴욕주에는 세계적으로 유명한 나이아가라 폭포가 있다. 이 폭포는 캐나다 온타리오주와도 접해있으며, 1800년대부터 관광, 상업, 산업 분야가 발전하는 데 크게 기여하고 있다. 특히 이곳은 풍부한 수량으로 일찌감치 발전發電 목적으로도 큰 가치가 있었다. 1892년, 윌리엄 러브는 전력의 획득과 선박 운항을 목적으로 그곳에 운하 건설을 계획했다. 그간 선박을 운항하는 데에 나이아가라 폭포가 큰 걸림돌이 되었기 때문이다. 폭포만 없다면 미국 중부 내륙에서 대서양 연안까지 선박을 운항할 수 있었다. 그래서 러브는 나이아가라강과 대서양을 연결하는 운하를 건설해 물길을 트고 발전소를 건설할 목적으로 운하 공사를 시작했다. 운하의 이름은 건설자 윌리엄 러브의 이름을 따서 '러브캐널Love Canal'이라 지었다.

하지만 재정위기와 함께, 1910년대 폭포의 보존을 위해 인공 지류를 나이아가라강에 추가하는 것을 금지하는 법안이 통과되면서 사업이 중단되었다. 폭 4.6m, 길이 1.6km, 깊이 3m 정도의 운하만 덩그러니 남게 된 것이다.

1920년 러브캐널 부지는 나이아가라폴스에 매각되어 쓰레기 및 화학 폐기물 매립지로 활용되었다. 1942년에는 화학 회사 후커케미컬도 이곳에 중금속 산업폐기물을 폐기하기 시작했다. 1947년에 후커케미컬은 러브캐널 부지를 아예 매입하고, 이후 5년간 벤젠, 다이옥신 등 248종의 유독성 화학물질 약 2만 2,000톤을 매립했다. 매립이 끝나자 약 1.2m 정도를 흙으로 덮고, 1953년에 다시 뉴욕주 나이아가라폴스에 매각했다. 이후 러브캐널 매립지 일대에 학교 및 주택가가 조성되었다. 당시 나이아가라폴스 지역에 인구가 증가하면서 지역 내 학교 위원회는 급히 부지가 필요했다. 그래서 매립 화학 폐기물에 대한 책임을 하루라도 빨리 넘기고 싶어 했던 후커케미컬로부터 해당 부지를 1달러에 사서 학교를 지었다. 하지만 1957년 나이아가라폴스가 하수도 건설 중 유해폐기물을 덮었던 흙층을 파괴하면서 문제가 수면으로 드러나기 시작했다. 1958년 주민들이 악취에 대해 항의했고 마당에는 화학물질이 스며 나오기 시작했다. 학교가 건립된 이후 학교 건물의 지하에서도 악취가 나는 침출수가 흘러나왔고, 이 지역의 태아 유산율이 다른 지역보다 몇 배가 높은 것 등의 문제가 생기기 시작했다. 이외에도 피부병이나 만성 천식을 비롯해 심장질환, 뇌종양, 지체 장애, 기형아 출산 등 각종 질환이 지역 주민들에게 나타났다. 그로부터 20년이나 지난 1978년 러브캐널 거주민 연합의 회장은 공식적으로 문제를 제기했다. 러브캐널 지역의 높은 암 발생률과 기형아 발생의 원인이 폐기물 때문이라고 주장했는데 후커케미컬 및 정부는 폐기물과 무관하다고 반박했다. 게다가 학교가 폐쇄되었음에도 학교 위원회 및 회사는 폐기물과의 연관성을 계속해서 부인했다.

1978년 8월, 마침내 이 사태가 미국 언론의 주목을 받기 시작했다. 지미 카터 대통령은 러브캐널 지역을 연방 비상 지역으로 선포하고 매립지 인근 주민을 이주시켰다. 과학적인 조사 시행 후, 벤젠 등 11가지 발암물질이 존재함과 폐기물이 토양을 통해 이동해 지하실을 거쳐 실내 공기가 오염되었음이 규명되었다. 러브캐널 지역은 총 2억 5천만 달러를 들여 세 차례 복구를 시도했지만, 현재까지 아무도 살지 못하는 죽음의 도시로 남아있다. 이 사건은 1980년 미국 환경 보호청(EPA)에서 유해 산업폐기물 처리기금 관련 법인 '슈퍼펀드법Superfund Bill'을 제정하는 계기가 되었다. 이 법에는 환경오염의 원인 제공자에 대한 배상책임 규정이 담겼다. 이에 따라 1994년 연방지방법원으로부터 유죄 판결을 받은 후커케미컬은 1995년 미국 EPA에 1억 2,900만 달러의 매립지 복원 비용을 내야 했고, 이후 러브캐널 지역 주민들에게도 보상금을 지급해야만 했다.

현재 ESG 공시 기준은 각 기업이 사용하고 있는 화학물질의 종류가 무엇이고 사용하는 양은 얼마나 되는지 밝히도록 하고 있다. 그리고 어떻게 처리하고 있는지도 공개하게 되어 있는데, 러브캐널과 같은 유해화학물질로 인한 사건의 교훈이 담긴 항목이라고 볼 수 있다.

탄소중립, RE100을 선언하는 기업들

탄소중립이라는 단어가 많이 사용된다. 탄소중립이란 대기 중 이산화탄소 농도가 더 이상 증가하지 않도록 실질적 배출량을 0으로 만든다는 개념이며, 넷제로Net-zero, 제로 탄소Zero carbon 등과 함께 언급된다. 인간 활동에 의한 이산화탄소 배출량이 전 지구적 이산화탄소 흡수량과 균형을 이룰 때 탄소중립이 달성되는 것이다. 이를 위해서는 우리가 배출하는 온실가스를 최대한 줄여야 한다. 불가피하게 발생한 온실가스는 숲 복원 등으로 흡수량을 증가시키거나, 기술을 활용하여 제거해야 한다. 그렇다면 왜 탄소를 줄여야 할까?

2015년 12월 체결된 파리협정(파리기후변화협약)은 산업혁명 전(1850~1900년 평균) 대비 지구의 평균 온도 상승을 2℃ 아래로 유지하고, 더 나아가 1.5℃를 넘지 않도록 노력해야 한다는 목표를 설정했다. 이미 지구 평균 온도는 산업화 이전 대비 2017년 기준으로 1℃ 이상 상승했다. 불과 1℃ 올랐는데도 지구온난화에 의한 폭염, 폭설 등 이상기후 현상이 더 자주 더 높은 강도로 나타나고 있다. 태평양의 여러 국가는 해수면 상승에 의한 존폐 위기에 직면해 있기도 하다. 만약 1.5℃까지 상승하면 해발고도가 2~3m에 불과한 키리바시, 투발루, 피지 등 남태평양의 여러 섬은 수몰될 것으로 전해졌다. 이처럼 생태계와 인간 사회는 여러 측면에서 많은 위험에 처하게 될 것으로 예측된다. 파리협정에서 1.5℃ 상승 억제를 목표로 추가한 이유이기도 하다.

　사실 지구온난화에 대해 심각성을 논의한 것은 비단 2015년 파리협정만이 아니었다. 국제사회는 오랫동안 2℃ 상승 억제 목표를 논의해왔다. 1992년 리우회의에서 기후변화협약(UNFCCC)이 채택된 이후, 산업화 이전 대비 지구 평균기온 상승을 어느 수준으로 억제해야 하는지에 대한 논의가 대두되기 시작했다. 1990년대 중반부터 2℃ 억제 목표에 대한 공감대가 형성된 후 2009년 코펜하겐 합의에 포함되었고, 2010년 칸쿤 합의에서 공식적으로 채택되기에 이르렀다. 그러면 왜 2℃일까? 기후가 미치는 영향은 지역마다 다르기 때문에 객관적인 하나의 한계점을 정의하기란 쉽지 않다. 하지만 많은 고기후 분석 및 지구 시스템 모델링 연구 결과, 지구 평균 2℃ 상승이 지구 기후시스템 수용 및 적응 한계의 마지노선임을 제시하고 있다. 지구 기후시스템은 다양한 원인에 의해 다양한 시간 규모로 변화해 왔으며, 기후시스템을 구성하는 요소들은 상호작용을 하며 그 변화에 적응하거나 혹은 그 영향을 완충해 왔다. 하지만 상대적으로 매우 짧은 기간에 지구 평균기온이 2℃ 이상 상승하게 되면 기후변화의 속도와 강도가 통제 불가능할 정도로 커지게 될지도 모르기 때문에 억제할 필요가 있는 것이다.

2018년 인천 송도에서 제48차 IPCC 총회가 개최되었다. 이때 195개 회원국의 만장일치로 「지구온난화 1.5℃」 특별보고서가 승인되었다. IPCC에서 승인한 이 보고서는 지구 평균 온도 상승을 2℃보다 더욱 엄격한 1.5℃ 이내로 억제하기 위해 2030년까지 이산화

지구온난화 1.5℃ 및 2℃ 주요영향 비교

구분	1.5℃	2℃
중위도 폭염일 온도	3℃ 상승	4℃ 상승
고위도 극한일 온도	4.5℃ 상승	6℃ 상승
산호 소멸	70~90%	99% 이상
기후변화·빈곤 취약 인구	2℃에서 2050년까지 수억 명 증가	
물부족 인구	2℃에서 최대 50% 증가	
해수면 상승	0.26~0.77m	0.3~0.93m
북극 해빙 완전 소멸 빈도	100년에 한 번 (복원 가능)	10년에 한 번 (복원 어려움)

출처: 한국환경공단

탄소 배출량을 2010년 대비 최소 45% 이상 감축해야 하고, 2050년까지 전 지구에 걸쳐 탄소 순 배출량이 0이 되는 탄소중립을 달성해야 한다고 제시했다. 현재 국제사회가 2050년까지 탄소중립을 하자고 이야기하는 것은 지구의 온도를 산업화 이전 대비 1.5℃ 이내로 억제하기 위한 방법인 것이다. 그러면 어떻게 탄소중립을 달성할 수 있을까?

SK그룹의 8개 계열사는 2020년 국내 최초로 RE100에 가입했다는 소식을 전했다. 그리고 현대차그룹의 5개 계열사도 2050년까지 RE100을 달성하겠다고 선언했다. LG전자는 '2030 탄소중립' 목표에 이어 2050년까지 국내외 모든 사업장에서 RE100을 달성하겠다는 의사를 표명했다. 이처럼 탄소중립과 함께 많이 등장하는 단어가 RE100이다. RE100은 '재생에너지Renewable Energy 100%'의 약자로, 기업이 사용하는 전력량의 100%를 2050년까지 재생에너지로 대체하겠다는 목표의 국제적인 캠페인이다. 2014년 영국 런던의 다국적 비영리 기구인 클라이밋 그룹Climate group에서 발족했으며, 이때 재생에너지는 석유 화석연료를 대체하는 태양열, 태양광, 바이오, 풍력, 수력, 지열 등의 에너지를 말한다. RE100에 가입한 기업은 매년 에너지 사용실적을 인정받아야 한다. RE100을 인정받는 방법으로는 풍력, 태양광 등으로 자체 발전하거나 발전 사업자의 재생에너지 공급인증서(REC)를 구매하는 것이 있다. RE100의 의미는 자체 생산이든 구매든 풍력, 태양광 등 재생에너지 사용을 최우선으로 두는 데 있다. 그리고 수력, 지열 발전 및 온실가스를 발생시키지 않는 에너지원으로 만든 전기를 사용하는 것이다. RE100의 조건은 아니지만, 무탄소 에너지원으로 원자력 발전도 포함된다. 실제로 구글은 우리가 생각하는 태양광, 풍력 등의 에너지원만 생각하면 RE100 달성은 어려울 수도 있다는 한계를 지적하며, 온실가스 배제를 위해 원자력 이용을 포함한 무탄소 에너지정책을 제시한 바 있다. 반면 환경을 위한다고 하면서 원자력 발전을 포함하는 것이 맞느냐는 논의가 있기도 하다.

RE100은 정부의 규제나 강제가 아닌 글로벌 기업들의 자발적인 참여로 진행되는 일종의 캠페인이라는 점에서 의미가 깊다. 현재 RE100에는 300개가 넘는 기업이 참여하고 있다. 참여기업은 각자 달성할 수 있는 목표 기한을 제시했다. 애플의 경우 2018년 4월 이미 43개 국가의 글로벌 사업장에서 신재생에너지로만 전력을 공급받고 있다고 밝혔고, 마이크로소프트도 2014년 이후로 100% 재생에너지로만 필요한 전력을 충당하고 있다고 밝혔다. 구글 또한 2017년에 RE100을 달성했다. 반면 한국의 기업은 아직 갈 길이 멀다. 산업 업종에 따라, 국가별 전력인프라 사정에 따라 RE100을 달성하는 편차가 있을 수 있지만 빠른 달성을 위해 노력해야 할 부분이기는 하다. ESG 경영이 중요한 화두가 되면서 RE100은 ESG의 환경 부분, 특히 기후변화 대응을 위한 유용한 방법으로 인식되고 있다. RE100에 참여하면 친환경 기업이라는 이미지를 가져가는 것은 물론 탄소국경세 등 예견되는 무역장벽에 대처하는 경영 전략으로 활용할 수 있기 때문이다. 하지만 숙제는 남아있다. 탄소중립과 RE100을 선언한 기업들이 실제로 선언한 목표를 달성하는가이다. 우리는 기업들이 2040년, 2050년까지 앞으로의 약속을 어떻게 지켜나가는지 살펴봐야 한다. 또한 기업들은 중장기적인 목표달성을 위해 매년 어떤 노력을 했고, 어떤 성과가 있었는지 투명하게 공개할 필요가 있다. 그래야 그린워싱이라는 비판으로부터 자유로울 수 있기 때문이다.

환경을 위한 비즈니스, 파타고니아

대학에서 스타트업과 사회적기업 창업 등의 과목을 가르치고, 여러 창업프로그램에서 멘토링과 강의를 하다 보면 새로운 비즈니스 모델을 접할 기회가 많다. 비즈니스 모델에는 고객에게 전달할 가치가 무엇이고, 가치를 만드는 데 필요한 리소스와 핵심역량 등이 담겨있다. 기업이 만든 가치는 그 비즈니스 모델을 통해 고객에게 전달되고, 고객이 그에 대한 대가로 돈을 지불함으로써 기업은 이익을 얻게 된다.

그러면 비즈니스의 목적은 무엇인가? 1장에서 기업의 존재 이유에 대해 살펴보았다. 그리고 기업 존재 이유가 바뀌고 있음을 설명했다. 실제로 바뀌고 있을까? 현장에서 확인한 바로는 '그렇다'고 대답할 수 있다.

많은 스타트업이 환경을 위한 비즈니스 모델을 제시하고 있다. 플라스틱 프리, 재생에너지 발전, 업사이클 등 다양한 분야에서 다양한 방법으로 환경의 가치를 높이고자 고민하는 것이다. 대표적인 기업이 파타고니아이다. 2020년 중반, 파타고니아의 CEO 로즈 마카리오가 사임했다. 그녀는 파타고니아를 세계적인 아웃도어 브랜드로 올려놓은 장본인으로, 2008년 파타고니아의 CFO로 합류해 2014년 CEO가 되었다. 더 밝은 미래를 위해서는 새로운 세대가 파타고니아 비즈니스를 다시 만들어가야 한다고 소신을 밝히기도 했다. 그런 그녀는 창업자인 이본 쉬나드의 환경에 대한 집착과 애정을 기업의 활동으로 연결시켰다. 환경을 소중하게 생각하는 것과 이것을 비즈니스화하는 것은 다른 차원의 이야기이다. 그녀는 파타고니아에서 일하던 12년 동안 매출액은 4배, 순이익은 3배 이상 뛰는 성과를 만들어냈다. 미국에 36개 매장, 이 중 하와이에 있는 2개의 매장을 제외하면 34개의 매장을 운영할 뿐이지만 노스페이스에 이어 두 번째로 큰 아웃도어 브랜드가 되었다. 이본 쉬나드는 이러한 로즈 마카리오를 가리켜, '상상할 수 없었던 방식으로 파타고니아의 신념을 지킬 수 있도록 해주었다. 로즈의 주도로 농업에서 혁명을 만들어내고, 행정부의 사악한 환경 정책에 도전할 수 있었고, 책임 있는 방식으로 제품을 만들기 위해 기준을 높여왔다'라고 평가했다. 로즈 마카리오는 직원들에게 늘 환경에 대해 강조했다. 자연과 지구가 위험하게 되면 파타고니아도 생존할 수 없다는 것이다. 많은 회사가 매출과 이익에 매달려 있는 것을 보며 '비즈니스 세계의 자살적인 중독'이라고 부르곤 했다. 그리고 그녀는 2020년 2월 한 행사에서 "비즈니스 세계에 퍼져 있는 단기적인 사고방식을 바꿔야 합니다. 한 분기에 일어나는 일 중에 중요한 게 얼마나 있겠습니까, 정말 이상한 시스템입니다. 나는 매 분기 일어나는 일보다는 직원 자녀들의 눈을 보면서 '이 아이의 일생에서 무슨 일이 일어날까'라고 묻고 싶습니다"라고 말함으로써 그녀가 환경과 비즈니스를 대하는 철학을 명확하게 보여주기도 했다.

그동안 기업은 생산성과 성장성이라는 효율과 효과 극대화 차원의 경영방식을 택해 왔다. 이러한 과정에서 인권과 환경, 그리고 지역사회의 불편 및 훼손을 감내토록 했다. 그 결과 물질만능주의가 우리 사회의 당연한 것으로 여겨지는 세상, 반면 당연히 해야 하는 ESG 경영은 특별한 것으로 느껴지는 세상이 되었다. 이러한 경영방식과는 다른 모습을 보여준 기업이 파타고니아이다.

2018년 6월, 지인들과 함께 미국 캘리포니아주 벤추라시에 위치한 파타고니아 본사에 방문했다. 함께 한 지인들 모두 지속가능경영, CSR 분야의 전문가였다. 이들과 일주일간 파타고니아 본사에 지내면서 느낀 결론은 '파타고니아는 진짜일 수 있겠다'였다. 본사에서 만났던 구매부서, 환경부서, 제조부서, 인사부서, 매장에 있는 직원들부터 건물 1층 안내데스크 직원인 치퍼 브로 아저씨에 이르기까지 모두가 환경에 대한 남다른 애정과 관심이 많았다. 우리가 머무는 일주일 사이에 파타고니아 직원들이 강당에 모여 분리수거 교육을 받는 일정이 있어서 함께 참여했다. 회사에서 직원들에게 일일이 분리수거 실습까지 시키는 모습이 처음에는 낯설었지만, 우리가 파타고니아에 있음을 상기시켜주기에 충분한 장면이었다. 2008년 로즈 마카리오가 CFO가 되었을 때 고객에게 제공되는 커다란 상자가 재활용이 가능한 가방으로 바뀌었다. 그리고 포장에 필요한 비닐도 플라스틱병을 재활용해 만들기 시작했다. 2011년에는 유명한 광고 카피가 등장한다. 바로 '이 재킷을 사지 마세요'라는 문구다. 재킷을 만들기 위해서는 많은 물과 자원이 사용되며, 엄청난 탄소와 쓰레기가 배출된다는 사실을 상기시키는 캠페인을 통해 파타고니아는 그들의 존재감을 알렸다. 2013년에는 옷을 수선해서 입도록 권장하는 'Worn Wear'이라는 캠페인을 시작했다. 각 매장에 헌옷을 수거하는 시스템을 갖춰 옷을 수선해주었고, 지역을 돌며 낡은 옷을 수선해주는 트럭도 운영했다. 그리고 파타고니아와 같은 기업을 많이 만들겠다는 목표를 세우고 환경문제 해결을 위한 비즈니스를 하는 스타트업에 투지하기 시작했다.

2018년 파타고니아는 또다시 흥미로운 소식을 전했다. 당시 미국의 트럼프 대통령이 기업의 법인세율을 인하하자, "우리 정부는 기후위기의 심각성과 원인을 계속 무시하고 있습니다. 그것은 순수악입니다"라는 이본 쉬나드의 말과 함께 절감한 법인세금 1천만 달러

1 파타고니아 본사 안내데스크 직원
  Mr. Chipper Bro와 함께, 2018년 6월 (필자, 왼쪽)

2 파타고니아 본사 앞에서,
  2018년 6월 (필자, 맨 오른쪽)

(약 110억 원)를 기후변화에 맞서 싸우는 풀뿌리 비영리단체에 기부키로 한 것이다. 그리고 그해에 다음과 같이 파타고니아의 사명을 변경했다. "우리는 우리의 터전, 지구를 되살리기 위해 사업을 합니다." 다른 회사가 이러한 사명을 사용했다면 그린워싱이라는 지적을 받았을 법하지만, 그동안 파타고니아가 보여준 모습은 사명과 너무나도 잘 어울렸다.

환경을 위한 비즈니스를 할 수 있을까? 로즈 마카리오는 이렇게 대답한다. "파타고니아는 이윤을 내면서 지구를 보호하는 것이 배타적인 목표가 아님을 확인하기 위해 도전해 왔습니다. 우리는 지구를 지키는 것과 이익을 내는 것, 둘 중 하나만을 선택할 필요가 없다는 것을 확인할 수 있었습니다." 현재 많은 기업이 ESG를 이야기하며 환경을 위해 노력하겠다고 약속한다. 그러면서 기업이 손해를 감수하면서까지 환경을 지키기 위해 노력하고 있는 것마냥 이야기한다. 하지만 파타고니아처럼 환경을 지키는 것이 손해가 아니라 이익이 되는 기업도 있음을 기억할 필요가 있다.

기후 위기에 관심 두는
투자자

미국에 바이든 정부가 들어서면서 각종 환경과 관련된 정책을 강화하기 시작했다. 미국의 이러한 움직임은 다른 국가에까지 영향을 미쳤다. ESG가 중요해진 이유가 BBC(바이든, 블랙록, 코로나19)라고 이야기할 정도로 미국 정부의 친환경 정책은 무시할 수 없는 상황이다. 앞서 다룬 지구 평균 온도 상승을 억제하기 위해 각 국가와 기업들이 다양한 노력을 하고 있다. 그런데 일반적으로 탄소를 줄이려면 생산을 줄여야 하고, 생산을 줄이면 경제가 축소되어 결국 경제위기가 오게 된다고 생각한다. 아예 틀린 이야기는 아니지만, 다르게 생각해보면 탄소를 줄여야만 하는 상황에서 탄소 배출을 줄이는 산업과 기업들의 가치는 오히려 커질 수 있다. 투자자의 입장은 어떨까? 솔까말(솔직히 까놓고 말해서), 기후 위기에도 관심 있겠지만 투자수익에 더 관심이 많은 것이 사실이다. 블랙록의 래리 핑크 회장은 2020년에 보낸 연례 서한에서 '기후변화 리스크는 전통적인 금융위기와 본질적으로 다른, 보다 구조적이고 장기적인 위기다. 현대 금융의 역할에 대한 핵심 전제들도 재평가되고 있으며 금융을 근본적으로 재편해야 하는 상황'이라고 말했다. 투자기업에게 온실가스 배출 감축을 요구하고 기후변화와 관련한 재무정보 공개를 강화하는 등 기관투자자 스스로도 사회·환경적 책임을 다해야 함을 강조한 것이다. 이에 대해 뉴욕타임즈는 블랙록의 서한이 '피투자기업이 일부 단기적인 손해를 보더라도 이보다 우선된 가치인 지속가능성을 위한 전략을 추구하는 것을 용인한다는 의미를 담고 있다'고 분석했다. 블랙록은 1년이 지난 2021년 기업에 대한 압박의 수위를 높였다. "우리 고객의 우선순위에서 기후변화보다 더 높은 순위의 문제는 없다. 탄소중립 준비를 신속하게 할 수 없는 기업의 사업은 정체를 직면하게 되고, 기업가치 또한 하락할 것이다. 따라서 탄소중립의 내용이 기업의 장기적인 계획에 어떻게 포함되어 있는지, 이사회에서 어떻게 논의되고 있는지 공개하기를 기대한다"라는 내용으로 다시 한번 기후변화에 대한 중요성을 상기시켰다.

블랙록뿐만이 아니다. 블랙록과 함께 세계 양대 자산운용사인 뱅가드도 2021년 3월, 2050년까지 탄소 순 배출량을 제로로 줄이는

The Opportunity of the Net Zero Transition

There is no company whose business model won't be profoundly affected by the transition to a net zero economy – one that emits no more carbon dioxide than it removes from the atmosphere by 2050, the scientifically-established threshold necessary to keep global warming well below 2°C. As the transition accelerates, companies with a well-articulated long-term strategy, and a clear plan to address the transition to net zero, will distinguish themselves with their stakeholders – with customers, policymakers, employees and shareholders – by inspiring confidence that they can navigate this global transformation. But companies that are not quickly preparing themselves will see their businesses and valuations suffer, as these same stakeholders lose confidence that those companies can adapt their business models to the dramatic changes that are coming.

It's important to recognize that net zero demands a transformation of the entire economy. Scientists agree that in order to meet the Paris Agreement goal of containing global warming to "well below 2 degrees above pre-industrial averages" by 2100, human-produced emissions need to decline by 8-10% annually between 2020 and 2050 and achieve "net zero" by mid-century. The economy today remains highly dependent on fossil fuels, as is reflected in the carbon intensity of large indexes like the S&P 500 or the MSCI World, which are currently on trajectories substantially over 3°C.[2]

That means a successful transition – one that is just, equitable, and protects people's livelihoods – will require both technological innovation and planning over decades. And it can only be accomplished with leadership, coordination, and support at every level of government, working in partnership with the private sector to maximize prosperity. Vulnerable communities and developing nations, many of them already exposed to the worst physical impacts of climate change, can least afford the economic shocks of a poorly implemented transition. We must implement it in a way that delivers the urgent change that is needed without worsening this dual burden.

While the transition will inevitably be complex and difficult, it is essential to building a more resilient economy that benefits more people. **I have great optimism about the future of capitalism and the future health of the economy – not in spite of the energy transition, but because of it.**

Of course, investors cannot prepare their portfolios for this transition unless they understand how each and every company is prepared both for the physical threats of climate change and the global economy's transition to net zero. They are asking managers like BlackRock to accelerate our data and analysis capabilities in this area – and we are committed to meeting their needs.

블랙록 래리 핑크 회장의 2021 연례 서한 중,
탄소중립에 대한 내용

출처: 블랙록 홈페이지

기후 위기에 관심 두는 투자자

'넷제로 자산운용사 운동'에 합류하기로 밝혔다. 이는 2015년 채택된 파리기후협약 목표 달성을 지원하기 위함이다. 이 운동에 참여한 자산운용사들은 2050년까지 투자처의 탄소 순 배출량을 제로로 맞춰야 한다. 2021년 현재 이 운동에 서명한 기관은 128개이며 이들의 운용자산은 43조 달러에 이른다. 이 운동에 참여하는 기관은 10개의 약속을 한다. 이 약속에는 IPCC 「지구온난화 1.5℃」 특별보고서에서 요구하는 이산화탄소 절감을 위해 2030년까지 달성할 중간목표를 세우는 것과 투자 포트폴리오에 온실가스 배출 Scope 1, 2는 물론 가능한 Scope 3까지 포함하는 것을 고려해야 함이 담겨 있

넷제로 자산운용사 운동
홈페이지 메인 사진

다. 그리고 기후 행동계획을 포함한 TCFD(기후변화 관련 재무정보공개 협의체) 기준으로 매년 공개해야 하는 책임이 있다. TCFD는 ESG 정보공개와 관련하여 중요한 기준을 제시해주는데, 이는 다음 장에서 살펴보도록 하자.

기후에 관심을 갖는 것은 대형 투자기관만이 아니다. 글로벌 컨설팅 기관인 PwC의 연구에 따르면, 2019년 기준 163억 달러가 전 세계 기후 기술(온실가스 배출을 줄이는 기술)에 투자되었다고 한다. 2013년에 유럽만 해도 환경을 보호하는 기술에 약 4억 1,800만 달러 정도만 투자했으나 지금은 점차 금액이 증가하고 있다. 아직 VC(벤처캐피털) 시장에서는 6%에 불과하지만, 지난 7년간 기후 기술에 대한 VC 투자는 유행하고 있는 인공지능 분야에 대한 투자보다 3배, 전 산업 평균보다 5배 이상 빠르게 성장했다. 한국도 예외가 아니다. 2020년 10월 정부 차원의 탄소중립 선언 이후 테마형 상장지수펀드(ETF)로 돈이 몰리는 추세다. 테마형 ETF는 ESG를 포함한 전기자동차, 우주 등 특정 테마와 관련된 지수를 따라 움직이도록 설계된 펀드를 의미한다. 지금까지의 ETF는 코스피지수 또는 S&P500 등의 대표 지수를 따르거나 이를 가공한 상품이 주류를 이뤘다. 하지만 ESG 및 코로나19의 영향으로 새로운 산업, 테마가 급부상함에 따라 테마형 ETF 시장도 빠르게 성장하고 있다. 그리고 2020년 4월 기준으로 한국거래소에 등록된 사회책임투자(SRI)

채권의 상장 잔액도 100조 3,000억 원에 이르렀다. 상장 첫해인 2018년 말, 1조 3,000억 원이었던 규모에서 불과 2년여 만에 77배나 성장했을 정도로 사회 가치를 고려한 투자가 대세가 된 것이다. 사회책임투자 채권 전용 부문은 해당 채권에 대한 공신력과 투명성을 확보한 정보를 제공할 목적으로 2000년 6월 15일 개설되었다. 사회책임투자 채권은 사회·환경적으로 긍정적인 영향을 만드는 사업에 사용하기 위해 발행하는 녹색채권, 사회적채권, 지속가능채권을 총칭하는 것으로 요즘은 ESG채권으로 불리기도 한다. 거래소는 사회책임투자 채권이 급성장한 배경으로 "국내외에서 환경과 사회 문제 해결에 관한 관심이 고조된 것"을 꼽았다. 온실가스 감축을 위한 파리기후변화협약 이후 기후변화 대응 노력이 진행되면서 녹색금융이 증가했다는 것이다. 코로나19 대응을 위한 국제금융기구와 제약회사의 사회 재건 노력으로, 그리고 유엔이 결의한 지속가능발전목표 달성에 기여하기 위해서 자본의 흐름이 사회책임투자로 유입되었다는 해석이다.

이처럼 ESG가 중요해진 상황에서 투자자는 특히 기후변화에 관심을 두면서 투자의 판단기준으로 환경을 내세우고 있다. 우리는 어떤 곳에 투자를 해야 할까? 사회와 환경을 위해 정의로움에 기반을 둔 투자를 해보면 어떨까? '나 하나쯤이야' '내 투자금액이 너무 적은데…'라는 생각보다는 '나부터'라는 생각을 해보는 것이 필요하겠다.

투자리스트에서 지워지는 나쁜 기업

2001년 9월 책 한 권이 세상에 등장했다. 『나쁜 기업』(클라우스 베르너, 한스 바이스 저)이라는 제목의 이 책은 세계적으로 성공한 브랜드들의 이면에 숨겨진 아동 노동 착취와 전쟁과 내전, 환경파괴 등의 어두운 그늘을 조명하고 거대 기업의 파렴치한 행태를 적나라하게 파헤쳤다. 이 책에서는 독재 부패 정권을 기반으로 기업들이 어떤 더러운 유착관계를 맺는지 보여주는 것은 물론, 환경 및 사회를 보호하는 관련 법 제정을 막기 위해 뭐든지 할 것만 같은 유명 브랜드 회사가 국제단체와 어떻게 협업하는지 밝히고 있다. 이책에서는 인권을 묵살하는 파렴치한 기업, 전자산업 내에 드리워진 아동 노동의 그림자, 의약품 업계에 자행되는 실험용 모르모트 인간, 석유업계의 환경오염 실태 등 기업이 만드는 세상의 어두운 면을 조명하며 경각심을 불러일으켰다. 과거에는 한두번 욕먹고 금방 잊혀질 수도 있었겠지만 이제는 그렇지 않다. ESG를 중시하는 분위기에서 투자기관은 이러한 나쁜 기업을 투자에서 배제하기 때문이다. 투자 방법 중 네거티브 스크리닝과 포지티브 스크리닝 방식을 설명한 바 있는데, 이러한 나쁜 기업은 네거티브 스크리닝 방식에 의해 투자처로 적합하지 않은 대상이 된다.

투자 분야에서는 '죄악주'라고 불리는 업종과 종목이 있다. 인간의 육체와 정신건강에 해를 끼치거나 사회적인 통념상 부정적인 영향을 미치는 주류, 담배, 도박, 무기, 성 상품, 대부업종 관련 주식이 대표적이다. 이러한 죄악주는 ESG 투자와 밀접한 관련이 있다. 과거에는 죄악주를 윤리적, 종교적 신념 또는 환경, 인권 보호와 같은 사회적 동기를 이유로 투자에서 배제했다. 그러나 최근에는 ESG와 같은 비재무적 요소가 장기적으로 기업의 재무적 가치에까지 영향을 미칠 수 있다는 투자 전략의 관점에서 죄악주를 회피하는 경향이 늘고 있다.

우리는 종종 ESG를 고려하여 투자한다면서 카지노 기업의 지분을 늘렸다거나 석탄발전 관련 사업에 투자를 하고 있다는 다소 비판적인 기사를 접하곤 한다. 그리고 급격히 늘어난 ESG 펀드나 ESG 채권이 무늬만 ESG일 뿐, 실제로는 기존 투자 포트폴리오와 큰 차이가 없다는 지적도 많다. 2020년 기준, 세계 주요 대형 상위 20개

ESG 펀드 중 12개 펀드가 구글의 모회사인 알파벳을 포함하고 있다. ESG 펀드 전체로는 미국 시가총액 1위인 애플을 가장 많이 포함하고 있는데, 이에 대한 해석도 분분하다. 이들이 ESG 경영을 잘해서 포함되어 있는 것인지 명확하지 않다는 것이다. 2021년 10월 기준, MSCI의 ESG 등급 결과에 따르면 이 두 기업 모두 'BBB' 등급으로 ESG 측면에서 매우 우수한 기업이라고 말하기 어렵다. 그러면 실제로 죄악주 또는 ESG 수준이 낮은 기업의 주가는 어떨까?

이와 관련하여 예일 경영대학의 프랭크 파보지 교수는 2008년 한 편의 논문*을 발표했다. 파보지 교수는 1970~2007년의 주식시장을 분석한 결과 주류, 담배, 게임산업 등 죄악주가 시장대비 초과수익률을 올린 것을 확인할 수 있었다. 사회·환경적으로 건전한 평가를 받기 어려운 업종이 실제로는 주가 상승 폭이 더 컸다. 죄악주는 시장으로부터 낮은 평가를 받아야 하는데 왜 이런 결과가 나타났을까? 이 연구에서는 그 이유를 다음과 같이 설명한다. 첫째, 여러 이유로 투자자들이 죄악주를 멀리하기 때문에 상대적으로 가격이 저평가 된 상태여서 상승할 가능성이 크기 때문이다. 둘째, 죄악주가 가진 사회의 부정적인 인식 때문에 자본시장에서 새로운 자금을 수혈하기가 어렵거나 정부의 규제 허가를 받아야 하는 산업인 경우가 많아서 사회적 해자가

* FJ Fabozzi, KC Ma, BJ Oliphant (2008), "Sin stock returns", The Journal of Portfolio, Fall 2008, 35 (1) 82-94.

존재하기 때문이다. 다른 산업군에 비해 경쟁률이 낮고 상대적으로 이익률은 높은 것이다. 이처럼 죄악주가 오히려 더 높은 주가상승력을 갖는 죄악주 딜레마인 이른바 '죄악주 프리미엄'이 존재한다.

파보지 교수는 2017년 다시 한번 「죄악주의 재검토」*라는 논문을 발표했다. 이 연구는 2016년까지의 주식시장을 분석했고 여전히 죄악주가 시장 평균보다 더 좋은 성과를 냈음을 확인했다. 동시에 죄악주에 투자해서 이익을 얻은 것은 '잘했지만 좋은 건 아니야 doing good but not well'라고 말했다. 그러면 실제로 죄악주 프리미엄이 존재하는 것일까? 파보지 교수는 "이제는 아니요"라고 말한다. 10년 전 대비 발달한 분석기법과 글로벌 데이터를 활용하여 연구해 보니 죄악주여서 상승했다는 증거를 찾을 수 없었다는 것이다. 다른 연구자가 소형주와 대형주 사이의 수익률을 제어하는 파마-프렌치 모델을 기반으로 연구한 결과에 따르면, 죄악주 대부분이 소형주였기 때문에 상승한 것이지 죄악주 프리미엄 때문이 아니었다. 따라서 죄악주가 더 많이 주가가 오른다는 '죄악주 프리미엄'의 달콤함 때문에 쉽게 포기하지 못한 투자자가 있다면 이제는 더 이상 고민하지 않아도 될 듯하다. 오히려 최근에는 ESG 요소를 고려하는 것이 장기적인 수익률에도 도움이 된다는 증거가 나오고 있다.

* D Blitz, FJ Fabozzi (2017), "Sin stocks revisited: Resolving the sin stock anomaly", The Journal of Portfolio Management, Fall 2017, 44 (1) 105-111.

현재 상황이 어떻든 이제 환경적으로 사회적으로 나쁜 기업은 투자리스트에 이름을 올릴 수 없게 되었다. 우리는 어떤 기업이 될 것인가? 우리는 어느 기업에 투자할 것인가? 최종 결정은 기업가와 투자자가 선택할 일이다. ESG가 중요해진 지금, 기업이 사회적 책임을 다하도록 요구받듯이 투자자도 정의로운 투자 의사결정을 할 필요가 있다.

밸디즈 원칙과
침묵의 봄

밸디즈 원칙Valdez Principles은 1992년 세리즈 원칙으로 개칭되기 전까지 사용된 용어다. 1989년 엑손 소유의 원유 운반선 엑손 밸디즈호가 일으킨 미국 역사상 최대의 원유 유출 사고에 대한 반성으로 미국의 환경단체 세리즈는 기업이 지켜야 할 환경윤리 기준을 정하여 발표했는데 이것이 밸디즈 원칙이다. 밸디즈 원칙은 총 10개의 주요 내용을 명시하고 있다.

1   **생물권 보호**

2   **천연 자원의 지속가능한 사용**

3   **폐기물 감소 및 처리**

4   **에너지 보존**

5 위험 감소

6 안전한 제품 및 서비스

7 환경 복원

8 대중에게 알리기

9 경영 약속

10 감사 및 보고

이 원칙이 발표된 이후 처음 수년간은 주로 '아베다' '벤 앤 제리' 등 이미 환경친화적 경영으로 유명한 미국의 회사들만이 원칙을 지켰다. 하지만 점차 전 세계적인 기업의 경영윤리로 자리 잡으면서 세리즈에서는 매년 「세리즈 리포트」라는 환경보고서를 작성하고 있다. 밸디즈 원칙 이외에 세리즈의 또 하나 두드러진 업적은 1997년 기업의 지속가능성 보고에 대한 글로벌 표준인 GRI Global Reporting Initiative를 세운 것이다. 세리즈는 GRI를 통해 기업의 환경적, 사회적, 경제적 영향에 대한 진행 상황 및 성과를 추적하고 공시하여 조직의 변화를 촉진하도록 설계했다. 현재는 전 세계 수만 개의 기업에서 이 기준을 참고하고 있다.

봄이 왔는데 꽃이 피지 않거나 새가 울지 않는 미래를 생각해 본 적이 있는가? 미국의 생물학자이자 작가인 레이첼 카슨은 진지하게 이 문제에 대해 고민했다. 레이첼 카슨은 '생태학 시대의 어머니'

이자 환경의 중요성을 일깨워 주었다는 평가를 받으며 타임지 선정 20세기를 변화시킨 100인 가운데 한 사람으로 뽑혔다. 그녀는 1907년 미국 펜실베이니아주에서 태어나, 문학과 생물학을 전공하고 우즈홀 해양연구소와 미국 어업국에 입사해서 일했다. 그 이후 과학자이자 편집자로서 15년간 연방 공무원으로 근무하며 미국 어류 야생동물국에서 발간하는 모든 출판물에 대한 책임편집자를 맡기도 했다. 그녀는 인간이 자연에 어떤 영향을 끼치는지, 그리고 이것이 연쇄적인 반응을 이루어낸다는 사실을 사람들에게 알리고 싶어 했다. 다양한 글을 쓰던 중 1962년, 전 세계에 살충제 남용의 위험을 널리 알린 책 『침묵의 봄』을 출판했다. 해양생물학 관련 저서의 완결편이라 할 수 있는 『바다의 가장자리』를 통해서는 핵폐기물의 해양 투척에 반대하며 전 세계에 그 위험을 경고했다. 열성적인 생태주의자이자 보호주의자인 카슨의 생각을 엿볼 수 있는 작품이었다. 그녀의 작품 중 대표작은 『침묵의 봄』이다. 아무도 환경문제에 관심을 가지지 않던 1960년대, 봄이 왔지만 꽃이 피지 않고 새가 울지 않는 미래가 올 수 있다고 일깨워 준 책이었다. 이 책은 무분별한 살중제 사용으로 파괴되는 야생 생물계의 모습을 적나라하게 공개하여, 생태계의 오염이 어떻게 시작되고 생물과 자연환경에 어떤 영향을 미치는지 구체적으로 설명하고 있다. 이 책은 생태계 파괴와 환경 재앙에 대한 경종을 울려 준 고전으로, 환경을 이슈로 촉발된 전폭적인 사회운동에 결정적인 역할을 한 것으로 평가받고 있다.

환경단체인 세리즈와 생태학자 레이첼 카슨은 현재의 우리에게 어떤 시사점을 던져주고 있는가? 세리즈는 행동이 중요하다고 강조한다. 말만 하는 것으로는 세상을 바꿀 수 없다는 것을 보여준다. 세리즈는 직접 밸디즈 원칙을 만들고 기업에게 제시했다. 그리고 무엇을 해야 할지 몰라 우왕좌왕 허둥대는 기업에게 GRI라는 기준도 만들어 주었다. 세리즈는 연대의 힘을 강조하며, 세리즈 혼자 세상을 바꾸는 것이 아니라 유엔을 포함한 많은 단체와의 협력을 통해 세상을 바꾸고자 했다. 레이첼 카슨은 사람의 힘을 믿었다. 환경적 문제를 일으킨 장본인이 인간이지만, 이 문제를 해결해야 하는 주체 또한 인간이 되어야 함을 강조했다. 수많은 글을 통해 사람들이 그 사실을 자각할 수 있도록 도왔다. 그녀의 역작인『침묵의 봄』은 화학업계가 비겁한 전략을 사용해 거센 반격을 가했음에도 불구하고 일반인이 모르고 있던 DDT 같은 살충제의 위험을 세상에 폭로했다. 그 결과 미국과 해외에서 살충제를 규제하는 데 크게 기여했다. 흰머리독수리를 비롯한 많은 종과 그들의 서식지가 이 책 덕분에 살아남았다. 그리고 우리 또한 그 덕에 건강과 생명을 지킬 수 있었다. 현재의 우리는 레이첼 카슨에게 감사해야 한다.

TCFD로
옥석을 가리다

블랙록은 기업의 ESG 정보공개와 관련하여 TCFD(기후변화 관련 재무정보공개 협의체)를 언급하곤 한다. 그 덕분인지 TCFD 기준으로 ESG 정보를 공개하는 기업의 수는 매년 증가하고 있다. TCFD는 주요 20개국(G20)의 재무장관이나 중앙은행 총재들의 협의체인 금융안정위원회(FSB)가 기업들의 기후 관련 전략 정보공개를 목적으로 2015년에 만든 협의체이다. 이 협의체는 2017년 권고안을 발표했다. 거버넌스, 전략, 리스크관리, 측정지표 및 목표치 등 4개 주요항목의 공개를 통해, 기업이 기후변화와 관련된 위험과 기회를 조직의 리스크 관리 및 의사결정 프로세스에 반영하는 것을 목표로 하고 있다.

TCFD는 현재의 우리가 해결해야 할 과제를 명확하게 제시하고 있다. 우선 기후변화가 현재와 미래의 비즈니스에 위험과 기회를 모두 제공함에 동의한다. 지구의 온도가 상승함에 따라 자연재해는 점점 더 흔해질 것이고 생태계와 인간의 건강을 파괴하여 예상치 못한 비즈니스 손실을 일으키고 자산과 기반 시설을 위협할 것을 경고하고 있다. 정부와 민간기관은 글로벌 탄소 배출량을 줄이기 위한 다양한 옵션을 고려하고 있지만, 이는 단기적으로 경제 및 지역 전반에 파괴적인 변화를 초래할 수 있다고 말한다. 그러나 현재 투자자와 대출 기관 및 보험사는 환경변화, 규제의 진화, 신기술 등장, 고객 행동 변화에 따라 어떤 회사가 버틸 수 있을지, 성장할 것인지 또는 어려움을 겪을 것인지에 대한 명확한 견해를 갖고 있지는 못하다고 판단했다. 신뢰할 수 있는 기후 관련 재무 정보가 없으면 금융시장은 기후 관련 위험과 기회의 가격을 올바르게 책정할 수 없다. 그러면 산업이 새로운 환경에 빠르게 적응해야 하는 경우, 갑작스러운 가치 이동과 불안정한 비용이 발생해 잠재적으로 불안정한 저탄소 경제로의 전환에 직면할 수 있음을 경고하고 있다.

금융안정위원회는 더 정확한 정보에 입각한 투자, 신용 및 보험 인수 결정을 촉진하여 이러한 리스크를 줄이고자 TCFD를 설립했다. 더 효과적인 기후 관련 공개 권장 사항을 개발하고, 재무와 탄소의 관계에 대한 이해관계자의 이해를 돕고자 하는 이유도 있었다.

TCFD는 시장의 투명성과 안정성이 중요함을 언급한다. 더 나은 정보를 통해 기업이 기후 관련 위험과 기회를 위험관리 및 전략적 계획 프로세스에 통합할 수 있다고 믿기 때문이다. 기후 변화와 관련된 재무적 영향에 대한 기업 및 투자자의 이해가 증가하여, 시장이 지속가능하고 탄력적인 솔루션과 기회가 있는 비즈니스 모델에 투자할 것을 목표로 하고 있다.

TCFD는 기업이 효과적으로 정보를 공개할 수 있도록 일련의 원칙을 개발했다. 시간이 지남에 따라 기후 관련 재무 보고 방식도 진화해야 한다는 점에서, 공개하는 정보를 통해 기후변화가 조직에 미치는 영향을 이해할 수 있어야 한다는 점에서, 조직의 의사결정에 유용한 정보를 제공하고자 했다. TCFD의 공개 원칙은 국제적으로 인정되는 다른 프레임워크와 대부분 일치한다. TCFD는 총 7개의 공개 원칙을 제시하고 있으며 일관되고, 비교 가능하며, 신뢰할 수 있고, 명확하고, 효율적이어야 함을 강조하고 있다. 주요 내용은 다음과 같다.

1 공개하는 정보는 관련된 정보여야 한다

2 정보는 구체적이고 완벽해야 한다

3 정보는 명확하고 균형을 이루며 이해하기 쉬워야 한다

4 정보는 시간이 지나도 일관성이 있어야 한다

5 정보는 섹터, 산업 또는 포트폴리오 내의 조직 간에 서로 비교 가능해야 한다

<u>6</u> 정보는 신뢰성 있고 검증 가능해야 하며 객관적이어야 한다

<u>7</u> 정보는 적시에 제공되어야 한다

2017년 구체적인 공개 가이드라인을 제공하기 시작한 TCFD는 현재 88개국 2,300개가 넘는 기관이 참여하고 있다. 이 중 한국기업은 2021년 7월 기준 64개가 참여하고 있다. TCFD에 가입한 기관은 거버넌스, 전략, 리스크 관리, 측정지표 및 목표치를 공개해야 하는데 각각의 주요 내용은 다음과 같다.

지배구조 — 기후 위험과 기회에 대한 이사회의 관리·감독 내용, 기후 위험과 기회를 평가·관리하기 위한 경영진의 역할

전략 — 단기·중장기 측면의 기후변화 위험과 기회, 기후 위험과 기회가 영업 전략 및 재무계획에 미치는 영향, 지구 평균기온 2℃ 이내 상승 시나리오를 포함한 다양한 기후 관련 시나리오가 기업 경영에 미치는 영향

리스크 관리 — 기후 위험 식별, 평가, 관리의 절차 및 위험관리체계 통합 방법

측정지표 및 목표치 — 기후 위험과 기회를 평가·관리하기 위해 사용하는 지표와 목표 그리고 성과, 온실가스 배출정보 및 관련 위험

TCFD로 옥석을 가리다

ESG 경영에 있어서 세계적으로 관심을 많이 보이는 분야는 환경이다. 지금까지 기업은 각자의 방식으로 환경보존을 위해 노력해왔다. 하지만 이제는 기업의 노력에 대해 구체적이고 정량적인 성과를 요구하기 시작했다. 더 이상 기업의 교묘한 그린워싱으로 사회를 기만하는 일이 없어야 하기 때문이다. 오죽했으면 딥 그린워싱이라는 단어가 나왔겠는가? 환경을 위해 진짜 노력하는 기업이 어디인지 옥석을 가릴 때가 되었다. 요즘 이러한 판단 기준의 하나로 주요 금융권으로부터 지지를 받는 가이드라인이 TCFD이니 기업과 투자자는 한번쯤 눈여겨 볼 만하다. 그리고 이들이 제공하는 원칙에 따라 4개 주요항목을 공개하거나, 공개하도록 요구할 필요가 있겠다.

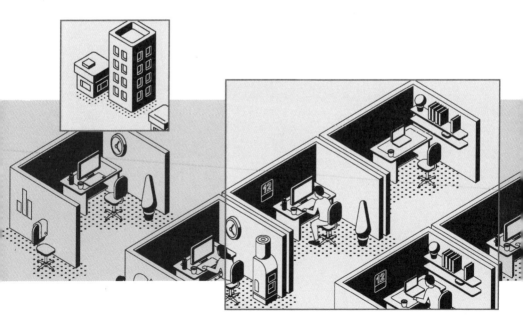

3장

정의로운 사회

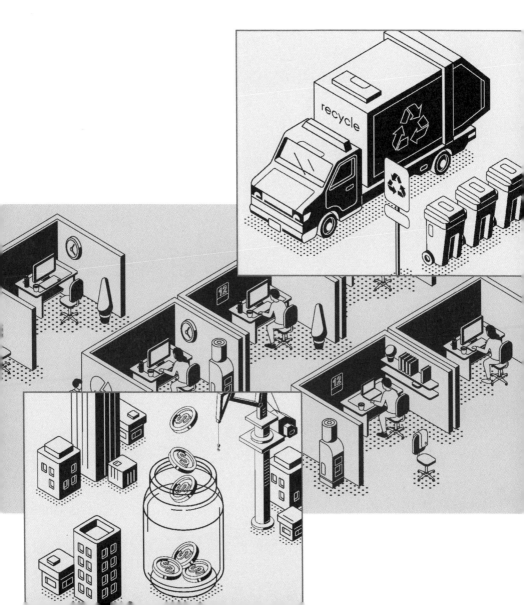

워치독이
필요하다

유명 연예인이 등장하는 한 제약회사의 잇몸약 제품 광고가 세간의 관심을 끌었던 적이 있다. 약의 임상시험 결과가 세계적으로 권위있는 학술지에 게재되었다는 내용이 포함되었기 때문이다. 하지만곧 이 광고는 허위, 과장 논란이 일었다. 한 단체가 '임상시험에서 효과를 입증했다'라는 제약회사의 광고에 대해 "해당 임상시험은 효과를 입증하기에는 턱없이 부족한 부실 연구"라며 의문을 제기한 것이다. M 방송사에서도 이 부분을 심층 취재해 보도했고, 결국 식약청의 재평가 하에 치료제가 아닌 치료보조제로 강등되었다. 이후 해당문구만 삭제된 채 다시 광고되고 있다.

한 유업 회사는 자사 발효유가 코로나19 억제 효과가 있다는 연구 결과가 나오면서 관련주가 급등세를 보인 적이 있었다. 증권업계 관계자는 해당 발효유의 코로나 억제 효과를 믿고 실제로 사 먹는 사람들이 늘 것이고, 그러면 회사 실적이 좋아지리라는 기대감에 관련주가 상승세를 보인 것이라고 분석을 내놓기도 했다. 하지만 이 역시 회사가 자사 제품의 판매와 주가를 띄우기 위해 '무리수'를 두었다고 비판받으며, 결국 회사의 경영권 매각을 발표하는 최악의 결과까지 낳고 말았다. 한편 기업의 불공정한 행위와 옳지 않은 경영 관행에 대해 소비자들이 불매운동으로 혼쭐을 내주는 것은 새로운 소비트렌드로까지 자리 잡고 있다. 대형 유통회사의 열악한 노동환경과 대형화재로 인한 인명사고를 계기로 소비자들이 관련 앱을 삭제하고 탈퇴하는 인증을 하기도 하고, 한 편의점의 포스터가 촉발한 남혐 논란은 회사 측이 관련성 없음을 해명했음에도 비판 여론이 좀처럼 누그러들지 않았다. 2019년에 시작된 일본 제품 불매운동인 '노재팬'의 대상이 된 어느 일본 의류업체는 다음 해인 2020년 매출이 반토막 나고 영업손익은 적자로 돌아섰다.

지속가능성을 중요하게 생각하는 기업 경영이 자리 잡으면서 이러한 소비자의 반응 또한 일반적인 모습이 되었다. 2021년 5월, 대한상공회의소가 국민 300명을 대상으로 조사한 결과 '기업의 ESG 활동이 제품 구매에 영향을 주는가'에 대해 응답자 63%가 '영향이 있다'라고 답했다. 그리고 '친환경·사회공헌·근로자 우대 등 ESG 활동 우수기업 제품의 경우 경쟁사 동일 제품 대비 추가 가격을 더 지불할 의사가 있는가'에 대해 '그렇다'로 응답한 비율이 88.3%에 이르는 등 우리 사회구성원이 기업의 ESG 활동에 관심이 많은 것을 알 수 있다.

* 감시자, 감시단체를 뜻하는 용어로 기업과 공공 등 특정 조직이 제 역할을 하고 있는지 감시하고 그렇지 못할 경우 경고를 하는 개인이나 단체를 의미한다.

기업은 우리 사회에 큰 영향력을 갖고 있다. 영향력이 있는 만큼 기업이 역할을 제대로 하지 못하면 그만큼 리스크도 커지는 것이 당연하다. 얼마 전 새로 생긴 ESG 관련 어느 시민단체는 '10대 약속'을 공표했다. 이 중에는 '위장환경주의(그린워싱)를 감시한다' 'ESG를 실천하는 기업의 상품과 서비스를 이용한다'라는 항목도 포함되어 있다. 기업은 이러한 소비자 행동주의와 워치독Watchdog*의 필요성 증가에 관심을 가질 필요가 있다.

우리 사회는 기업 내부와 외부에 워치독이 필요하다. 전통적으로 기업을 견제하고 감시하는 역할은 기업의 이사회와 감사위원회의 몫이다. 이사회는 경영자의 경영을 평가하고 보상계약을 설계하는 등 보상과 성과를 연계하여 기업가치를 높이는 핵심적인 역할을 한다. 특히 이사회는 기업의 영업활동 결과와 재무 상태가 주주들에게 정확히 전달되는지 감시하여, 정보 비대칭에 따른 대리인비용**을 최소화시켜야 한다. 그리고 경영자가 기업의 가치를 극대화하기 위해 정당한 주의의무注意義務를 다하고 있

** 기업의 주체(주주, 채권자)와 대리인(경영자)과의 상충된 이해관계로 인하여 발생하는 비용을 말한다.

느지, 공정한 경영 의사결정을 하고 있는지 감독할 의무 또한 갖고 있다. 즉 이사회는 주주로부터 권한을 위임받은 수탁자로서 선량한 관리자의 의무가 있는 셈이다. 하지만 현실은 어떠한가? 경영진의 독단적인 경영을 견제하고 감시해야 하는 이사회지만 매번 거수기 논란에서 자유롭지 못하다.

이러한 관행을 걱정한 세계 최대 의결권 자문사인 ISS는 주주들에게 S금융그룹과 W금융그룹의 2021년 사외이사 재선임 안건에 반대표를 행사할 것을 권고하기도 했다. 한국기업지배구조원도 이들 두 금융그룹의 사외이사 재선임 안에 반대를 권고했다. 이들의 권고에 따라 W금융의 2대 주주인 국민연금은 사외이사 재선임 안건을 반대하기로 결정했다. 국민연금은 사외이사가 감시 의무를 소홀히 했다고 본 것이다. 하지만 이들의 반대의견만으로는 역부족이었는지 W금융 이사 재선임 건은 통과되었다. 이후, W금융 본사 앞에서는 전국 사모펀드 사기 피해 공동대책위와 경제시민단체들의 시위가 계속되고 있다. 경영진의 책임을 촉구하며 사모펀드 사태의 진정한 해결을 위해 공익이사를 선출하라는 의사를 표현하는 것이다.

이러한 W금융도 이제는 ESG 경영에 앞장서고 있다. 2021년부터는 지주사 임원 및 자회사 최고경영자 인사평가에 ESG 관련 점수를 반영키로 했다. 또한 이사회 내에 그룹의 ESG 전략과 정책을 만드는 관련 최고 의사결정기구인 ESG 경영위원회를 두게 되었다.

이 위원회에는 W금융 사내·사외 이사들이 모두 참여한다는 점이 눈에 띈다. ESG 차원에 문제가 있어서 사외이사 선임 건으로 잡음이 있었던 회사가 ESG 경영위원회라는 방식으로 정면 돌파를 택한 것이다. ESG 경영이 중요해지면서 환경, 사회에 대한 기업의 영향력에 관심이 높아졌다. 그리고 기업을 감시하고 긍정적인 역할을 기대하는 이해관계자도 많아지고 있다. 기업은 이러한 흐름을 잘 알고 있다. 무엇을 해야 하는지 무엇을 하면 안 되는지 알고 있다. 사내·사외의 워치독은 기업이 순기능을 하도록 대리인비용 최소화의 노력과 선량한 관리자의 의무를 다해야 한다.

아슬아슬한 줄타기, 그린워싱

4월 22일은 '지구의 날'이다. 지구의 날은 미국 캘리포니아 산타바바라에서 있었던 기름유출 사고를 계기로 제정되었다. 1970년 4월 22일 미국의 상원의원인 게이로 닐슨이 하버드대학교의 데니스 헤이즈와 함께 주최한 '지구의 날' 선언문을 발표하는 행사 자리에서였다. 1969년 1월 28일, 미국의 정유회사인 유니언 오일사는 폭발물을 이용하여 산타바바라 부근에서 원유시추를 하던 중이었다. 그때 시추시설에 문제가 생겼고 원유 10만 배럴이 유출되어 인근 바다를 오염시키는 사고가 일어났다. 이 사건은 캘리포니아 환경법안(CEQA)과 국가환경정책법(NEPA)이 통과되는 계기가 될 정도로 큰 사회적 파장을 일으켰다. 이 사건 이후로 석유 소비는 해양오염뿐만 아니라 대기오염과 기후변화의 주범으로 지목되었다.

정유회사를 중심으로 환경 관련 이슈가 지속해서 제기되었고, 시민 단체의 감시도 더욱 강화되었다. 하지만 기업이 일으키는 심각한 사회·환경적 문제는 좀처럼 줄어들지 않았다.

환경단체인 그린피스와 베른선언은 2005년부터 10년간 사회적으로 물의를 일으킨 기업을 선정하고 '퍼블릭 아이 어워드'를 시상했다. 이 시상에서는 명예의 전당에 빗대어 '부끄러움의 전당'이라는 상도 시상했다. '퍼블릭 아이 어워드'를 수상한 기업으로는 의류업체인 갭GAP을 포함하여 로얄더치쉘Royal Dutch Shell, 바클레이Barclays, 월트 디즈니The Walt Disney Company, 씨티그룹Citigroup Inc, 월마트Walmart 등이 있었는데, 이 중 왕중왕 격인 '부끄러움의 전당'을 차지한 기업은 2006년 심각한 환경문제를 일으켰던 쉐브론Chevron이었다. 당시 쉐브론은 에콰도르 북부 우림지역에 180억 갤런 이상의 유독성 폐수, 1,700만 갤런의 원유를 유출하여 환경을 훼손했다. 지역주민의 건강 위기뿐 아니라 동식물의 멸종위기까지 초래한 공로(?)를 인정받아 2015년에 나쁜 기업 왕중왕 상을 수상하게 된 것이다. 그런데 기업은 나쁜 일만 일으키는 문제아일까? 앞서 다룬 쉐브론은 정말 나쁜 기업일까? 쉐브론은 1879년에 창립된 유구한 역사를 지닌 미국 내 2위의 석유업체이다. 한때 사회·환경적으로 문제를 일으키기는 했지만 이 회사 또한 지속가능경영을 잘하기 위해 경제·환경·사회 분야에 대한 목표를 세우고 다양한 방법으로 노력하고자 했다.

한국기업은 어떨까? 나무를 원재료로 제품을 만드는 기업이 환경보호에 관심을 두고 나무 심기 활동을 하는 등, 환경보호 활동에 앞장서기도 한다. 유한킴벌리는 국내 대부분의 국민이 알고 있을 정도로 유명한 '우리 강산 푸르게 푸르게'라는 캠페인을 진행하고 있다. 이 캠페인은 1984년부터 지금까지 이어지고 있으며, 나무를 심고 숲을 가꾸는 사회적 책임 활동의 일종이다. 국공유림 나무 심기와 숲 가꾸기를 통해 건강한 숲을 만들고 동시에 이제까지 없던 새로운 숲과 사람의 공존을 사회에 제안한다. 주요 프로젝트로 나무 심기 운동, 숲 가꾸기 운동, 도시숲, 학교숲, 몽골 사막화 방지 숲과 같은 환경 보전 운동과 청소년 그린캠프, 시니어 산촌학교, 자연사랑 문학 지원사업 등 다양한 환경보호 활동이 있다. 이 밖에도 정유산업이 환경에 큰 해를 끼친다는 것이 일반화되어서인지, 석유 관련 기업이 환경보호 활동에 적극적으로 앞장서고 있는 사례도 찾아볼 수 있다.

하지만 기업의 이러한 노력을 순수하게만 바라보지 않기도 한다. 국내 한 정유회사인 S사는 2000년대 중반 '○○오일을 넣으면 자연도 빈가워합니다' '○○오일은 자연을 사랑합니다'라는 카피를 통해 환경을 생각하는 기업 철학을 알렸다. 하지만 이러한 문구를 접한 일부는 채굴과 생산과정에서 환경오염을 많이 유발하는 정유업체가 어떻게 자연을 사랑한다고 말할 수 있느냐며 해당 기업이 그린워싱을 하고 있다고 주장했다.

그린워싱Greenwashing은 환경을 뜻하는 그린과 세탁을 의미하는 화이트워시의 혼성어로, 기업이 실제로는 환경에 악영향을 끼치는 제품을 생산하면서도 광고 등을 통해 친환경적인 이미지를 내세우는 행위를 의미한다. 이는 환경에 대한 대중의 관심이 늘고, 친환경 제품에 대한 선호가 높아지면서 생겨난 현상이다. 상품 제작에서부터 광고, 판매 등 전 과정에 걸쳐 환경친화적인 이미지를 적용·홍보하는 그린 마케팅이 기업의 필수 마케팅 전략 중 하나로 떠올랐다. 실제로는 친환경적이지 않은 제품을 생산하는 기업들마저 기업 이미지를 좋게 포장하는 경우가 증가했고, 자연스럽게 그린워싱 사례도 늘어나게 되었다. 이러한 기업들의 이율배반적인 행태를 고발하기 위해, 미국의 다국적기업 감시단체인 '코프워치Corpwatch'는 매년 4월 22일 지구의 날에 '그린워싱 기업'을 선정하여 발표하기도 했다.

그린워싱의 역사는 꽤 오래전으로 거슬러 올라간다. 1969년 메디슨 애비뉴 광고회사의 임원인 제리 맨더가 환경오염을 예방하는 데 들이는 비용보다 8배나 큰 비용을 친환경이라고 광고하는 데 사용한 것을 지적하며 그린워싱과 유사한 표현인 '에코포르노그래피'라는 단어를 사용했다. 1980년대와 1990년대에는 사회적으로 환경에 대한 인식이 강화되면서, 미국내 가정용 상품을 만드는 기업의 4분의 1에 해당하는 기업이 리싸이클링이 가능한Recyclable, 생분해가 되는Biodegradable, 오존을 파괴하지 않는Ozone friendly, 퇴비화되는Compostable 등의 단어를 사용하여 광고했다. 퍼블릭 아이 어워드, 부끄러움의 전당에 올랐던 쉐브론도 적대적인 태도를 보이는 이해관계자와 대중의 사회적 평판을 고려하여 'People Do'라는 광고를 선보였다. 쉐브론은 이 광고에서 환경의 중요성을 어필했지만, 실제로는 환경적 책임을 다하지 않았다는 사실이 밝혀지면서 그린워싱이라는 비판을 받았다.

2000년대에 들어 환경은 기업의 매우 중요한 고려 요소가 되었다. 그리고 그린 마케팅을 적극적으로 활용하는 기업은 더 늘어났다. 세계 최대 에너지 기업 중 한 곳인 BP는 가장 큰 친환경 태양에너지 기업인 솔라렉스Solarex를 인수하기 위해 4,500만 불을 사용한다는 대대적인 광고를 했다. 그러나 알래스카에서만 석유 탐사에 5년간 50억 불(태양에너지에 쏟는 비용보다 100배 이상)을 사용하면서 이 기업의 솔라렉스를 인수한다는 홍보는 그린워싱이라는 불명예를 안고 빛이 바랬다. 또 다른 거대 석유회사인 쉘은 '이익 또는 원칙'이라는 광고 시리즈에서 재생가능한 에너지원에 대해 지지하며, 아름다운 자연을 담은 사진을 사용했다. 하지만 쉘은 전체 투자금액의 0.6%만을 재생에너지에 투자했고, 쉘의 말과 행동이 불일치한다는 지적을 받았다.

기업으로서는 난감하지 않을 수 없다. 업의 특성상 나무를 베거나, 이산화탄소를 많이 배출할 수밖에 없는 경우도 있다. 그렇다면 해당 기업은 비즈니스를 중단해야 할까? 쉽지 않은 결정이다. 이는 기업만의 문제가 아니다. 소비자 입장에서 현재 우리 일상생활에 석유나 석탄이 없다고 가정해보자. 당장 원자력을 대체 에너지원으로 사용하기도 어렵고, 친환경 에너지원으로 분류되는 풍력이나 수력, 태양광으로 필요한 에너지원 전체를 대체하는 것도 현실적으로 불가능하다. 기업이 비즈니스를 하면 자연을 오염시킨다고 하고, 환경에 도움이 되는 활동을 하면 그린워싱이라고 치부 당한다. 그러면 기업은 어떻게 해야 할까? 정답은 없지만, 그래도 기업 입장에서 시도해 볼 만한 것이 있다. 가장 먼저 진정성을 갖고, 실제 환경에 도움이 되는 일을 하는 것이다. 사회공헌 차원의 자연보호 활동도 필요하지만 이에 앞서 기업의 밸류체인상에 있는 공정을 친환경적 관점에서 디자인해야 한다. 원재료를 채굴하는 과정부터 공급망에서의 과정, 생산의 과정, 유통의 과정 그리고 폐기 후 재사용하는 과정에 이르는 전 과정에서 환경을 고려해야 한다는 의미다. 물론 완벽한 순환경제를 만드는 것은 쉽지 않지만 기업은 이러한 노력과 동시에 환경 관련 사회공헌 활동을 하고, 환경의 소중함을 강조하는 광고를 해야 한다. 그러면 언젠가 소비자도, 그린워싱을 감시하는 시민사회도 해당 기업의 진정성을 알게 될 것이다. 그리고 마침내 기업은 그린워싱이라는 오명을 벗을 수 있을 것이다.

누군가의 절망에서 이익을 얻는 기업

지속가능성을 꿈꾸는 기업은 비단 대기업만이 아니다. 유엔이 정한 지속가능발전목표(UN SDGs)는 정부와 민간기업을 포함한 모든 조직의 참여를 독려한다. 기업의 규모를 정해 놓지 않은 것이다. 기업의 지속가능경영 선언에 공통적으로 포함되는 내용이 있다. 환경 경영, 인권 경영, 윤리 경영, 내실 있는 이사회 운영, 지역사회에 대한 공헌, 그리고 협력업체와의 상생이다. 이 중 눈에 띄는 것은 협력업체와의 상생이다. 일반적으로 '상생'이라는 단어를 생각하면 협력업체에 대금을 조기 지급한다든지, 지식재산권이나 기술을 공유하는 것 또는 동반성장 펀드를 운용하는 것 등이 떠오른다. 하지만 지속가능경영 차원의 상생은 어떤 것이 있을까?

유통기업인 이마트는 협력업체를 위한 자금지원, 판로지원, 경영지원, 복리후생 프로그램을 운영하고 있다. IT 관련 기업인 네이버도 경영지원, 기술지원, 교육지원 및 판로지원을 운영한다. 세부적으로는 주요 협력사 임직원의 건강검진과 장례지원도 포함되어 있다. 최근에는 이러한 협력업체 지원프로그램이 더 다양해지고 있다. 철강업계 대기업인 포스코는 동반성장지원단을 만들고 중소기업을 위한 프로그램을 운영키로 했다. 주요 내용은 스마트팩토리 구축, ESG 현안 해결, 설비 및 에너지 효율화, 미래 신기술 등 네 가지인데 이 중 '중소기업의 ESG 현안 해결' 항목에 주목할 필요가 있다. 삼성전자와 LG전자 같은 기업도 매년 주요 협력업체를 대상으로 국제적인 기준에 따라 사회적 책임 이행 수준을 진단하고 개선을 돕는다. 일찌감치 공급망의 지속가능성 확보를 위해 노력하는 것이다.

2016년 1월, 세계적 인권단체인 국제앰네스티Amnesty International와 아프리카워치Afrewatch는 스마트폰 배터리에 숨겨진 아동 노동 실태 보고서 「목숨을 건 코발트 채굴: 콩고민주공화국의 코발트 교역 과정에서 발생하는 인권 침해」를 발표했다. 이를 통해 애플과 삼성, 소니 등 대형 전자 기업이 자사 제품에 사용되는 코발트가 아동 노동 착취의 산물은 아닌지에 대해 기본적인 점검조차 하지 않고 있음을 지적했다. 이들은 리튬이온 배터리의 원재료로 이용되는 코발트가 성인뿐만 아니라 7세 어린아이의 노동으로 채굴되고 있음을 밝혔다. 또한 불법이 난무하는 위험한 작업환경에서 채굴된 코발트가 어떻게 유통되고 있는지 추적했다. 국제엠네스티 기업과 인권 조사관 마크 더멧은 "탄광 노동은 건강과 안전을 위협하는 환경 때문에 최악의 아동 노동 형태로 꼽힌다. 세계적으로 총 1,250억 달러의 수익을 올리고 있는 기업들이 자사 제품에 쓰이는 주요 원자재가 어디서 나오는지도 모른다고 주장하는 것은 신뢰성이 없다"라며 "수백만 명이 최신 기술의 혜택을 누리고 있지만 그 제조 과정을 궁금해하는 사람은 거의 없다. 지금이 바로 대기업들이 수익성 높은 제품들의 원자재 채굴 과정에 관한 책임을 져야 할 때"라고 강조하기도 했다. 국제엠네스티의 조사관이 실제 현장 조사를 통해 확인한 현실은 더욱 참혹했다. 광부 대다수는 폐질환 또는 피부염으로부터 보호할 장갑이나 작업복, 마스크와 같은 기본적인 보호장비 없이 매일 장시간 코발트와 접촉하고 있었다. 광산에서 일하는 어린아이들은 하루에 12시간 이상 무거운 돌 더미를 옮기고서 일당 1~2달러를 받았다. 마크 더멧 조사관은 "연락을 시도한 다국적기업 중 다수가 아동 노동에 대해서는 무관용 정책으로 임할 것이라고 밝혔다. 그러나 기업이 공급망 조사를 하지 않는다면 이러한 약속은 그저 말뿐으로 아무런 의미가 없다"라며 "기업이 원자재로 쓰이는 광물의 생산지와 공급자에 대해 점검하고 그 정보를 공개적으로 밝히도록 규정하는 법률이 마련되지 않는다면 이러한 기업들은 계속해서 인권 침해로 수익을 창출할 것이다. 각국 정부는 기업이 절망으로 이익을 얻는 투명성 부족을 해결해야 한다"고 말했다. 아동 노동 착취라는 꼬리표로 브랜드 타격을 받을 수 있게 된 기업들은 대대적인 공급망 점검에 들어갔다.

기업의 지속가능성 및 CSR 수준을 평가하는 주요 내용에 인권 경영과 윤리 경영은 이미 포함되어 있다. 그리고 많은 기업이 이를 잘 준수하고 있으며, 잘 준수해야 한다고 동의한다. 또한 이를 증명할 수 있는 기업 내부의 규범과 행동강령을 제시한다. 하지만 이것이 얼마나 실효가 있는 방편인지 생각해봐야 한다. 기업의 공급망 안에 아동 노동이 존재하면 안 된다는 것은 누구나 알고 있다. 기업 담당자에게 공급망 안에 아동 노동이 있는지 물으면 '없다'라고 대답한다. 하지만 아동 노동으로 정의할 수 있는 아동의 나이를 물으면 아는 사람이 많지 않다. 협력업체나 우리 회사 내에 강제노동이나 현대노예 형태의 근로자가 있는지 물어보면 마찬가지로 '절대 없다'고 말한다. 하지만 마찬가지로 강제노동과 현대노예의 개념을 아는 사람은 극히 드물다.

어느 기업의 지속가능성도 그 회사만 건강해서는 달성되지 않는다. 그 기업과 거래하는 협력업체와 고객사 또한 지속가능해야 한다. 이를 위해 기업들은 어떻게 노력해야 할까? 한국에서 가장 큰 기업인 삼성전자는 원재료 공급사, 협력업체 등 전 세계 수많은 기업과 사업적으로 연결돼 있다. 옛 속담에 가지 많은 나무 바람 잘 날 없다는 표현처럼, 1차 협력업체만 3,000개가 넘어 항상 여러 가지 위험에 노출되어 있다. 삼성전자는 앞의 코발트 이슈가 있기 전인 2010년대 초반에 이미 분쟁광물(주석, 탄탈룸, 텅스텐, 금) 이슈에 부딪혔다. 미국은 2008년 경기침체 이후 금융개혁안의 일부로 2010년에 분쟁광물 규제를 마련했다. 이 규제는 도드-프랭크 월스트리트 개혁소비자보호법에 포함되어 의회를 통과했다. 이에 따라 미 증권거래위원회(SEC)의 규제를 받는 특정 기업들은 당사 제품이 콩고민주공화국과 중앙아프리카공화국, 남수단 등 분쟁이 있는 지역에서 생산되는 광물을 사용하는지에 대해 공개하게 되었다. 분쟁광물의 거래는 콩고 동부 및 기타 지역에서 활동하는 무장단체의 중요한 자금원이 되기 때문이었다. 이에 대해 삼성전자도 협력사를 대상으로 분쟁광물 사용 여부를 조사했다. 그 결과 600개가 넘는 협력사들이 분쟁광물을 공급받고 있는 것으로 파악되었는데, 협력업체들은 분쟁광물이 무엇인지조차 모르는 경우가 많았다. 삼성선자는 분쟁광물 이슈가 자사의 평판 훼손과 경영리스크로 작용할 수 있다고 판단하고, 협력사를 대상으로 홍보와 교육에 나섰다. 노동인권 영향·리스크관리를 위한 GLI협의체를 격주로 개최하고 사회·환경적으로 문제가 있는 업체와의 거래를 중단하는 등 납품업체를 선정할 시 도덕적인 요소를 고려해 협력사들이 지켜야 할 규칙을 강화하기도 했다. LG전자도 2011년부터 본격적으로 공급망의 지속가능성 확보를 위해 노력하기 시작했다. 매년 RBA의 기준에 따라 당사뿐만 아니라 주요 협력업체의 노동, 환경, 안전보건, 윤리 및 경영시스템에 대해 점검하고 리스크가 큰 기업에 대해서는 사내 전문가들이 적극적으로 개선을 지원하고 있다. 그리고 ESG 평가 결과 80점 이상인 업체만 협력업체로 등록하는 프로세스를 갖추기도 했다.

지속가능한 사회를 만들고 싶은가? 대학에서 학생들을 가르칠 때, 개강 후 첫 주에 강조하는 것이 '제대로 알아야 바꿀 수 있다'라는 것이다. 고등학교 시절, 어려운 수학 문제를 눈으로 볼 때는 이해가 되고 잘 풀 수 있다는 생각이 들어도 막상 시험에서는 풀지 못했던 경험이 있다. 아는 것 같지만 실제로는 알지 못하는 것이다. 비단 수학 문제뿐만이 아니다. 우리가 겪고 있는 사회문제도 제대로 알지 못하면 해결하지 못하고, 해결하지 못하면 그 문제는 계속해서 우리 곁에 남는다. 제대로 알고 제대로 실천하는 것이 관건인 셈이다. 따라서 다시 한번 생각해 볼 필요가 있다. 많은 기업이 '2050년까지 탄소중립을 하겠다, 사내외 인권 침해 문제가 생기지 않도록 하겠다, 비윤리적인 문제가 생기지 않도록 하겠다, 이사회의 투명성을 높이겠다'라고 선언하고 있다. 기업들은 실제로 이러한 목표를 달성할 수 있는 제대로 된 방법을 알고 있는지 자문해봐야 한다. 실효성 있고 구체적인 방법을 고민하지 않고 말하는 것은 그린워싱과 다를 바 없다. 그리고 누군가의 절망을 통해서 기업이 이익을 얻는 옳지 않은 모습은 해결되지 않고 반복될 수밖에 없다.

콜렉티브 임팩트로 만드는
사회적 가치

최근 사회적 가치라는 단어가 많이 사용된다. 2011년 하버드 비즈니스 리뷰(HBR)에 소개된 CSV(공유가치창출)의 개념도 경제적 가치와 사회적 가치의 합을 의미한다. SK그룹도 DBL(더블바텀라인)의 구성요소로 경제적 가치와 사회적 가치를 소개하고 있다. 게다가 '공공기관의 사회적 가치 실현에 관한 기본법' 제정이 논의되는 등 사회적 가치는 매우 중요한 키워드가 되었다.

그러면 사회적 가치는 어떻게 만들 수 있을까? 여러 방법이 있겠지만, 진정한 가치 창출을 위해서 다양한 이해관계자가 힘을 모아야 한다는 '콜렉티브 임팩트'라는 개념이 눈에 띈다. 콜렉티브 임팩트는 2011년, 유명 컨설팅 회사인 FSG의 임원인 카니아와 크레이

머가 스탠포드 소셜 이노베이션 리뷰(SSIR)에 언급하면서 유명해진 용어이다. 그러나 이전에도 사회문제에 대해 다양한 이해관계자가 '공동 대응'해야 한다는 주장은 많이 있었다. '공동 대응'은 어느 한 조직이나 기관이 단독으로 복잡한 지역사회 문제를 해결할 수 없다는 것을 인정하는 것으로부터 시작한다. 단순히 공동으로 대응하는 것이 아니라 특정 사회 문제를 해결하기 위한 공통의 의제를 개발하고 실행하는 과정이라는 점에서 '콜렉티브 임팩트'가 중요한 것이다.

콜렉티브 임팩트는 다음의 다섯 가지 필수 요건이 있다.

1 **공통된 의제**
2 **지속적인 커뮤니케이션**
3 **상호 보완 활동**
4 **중추적 지원 조직**
5 **공유 측정 시스템**

그리고 효과적인 콜렉티브 임팩트를 창출하기 위해 다음의 세 가지가 선행되어야 한다. 첫째, 영향력 있는 챔피언이 있어야 하며, 둘째, 변화를 지원할 적절한 자원이 있어야 하며, 마지막으로는 전반적으로 변화가 필요하다는 이해와 변화에 대한 절박함이 있어야 한

다는 것이다. 먼저 '영향력 있는 챔피언'은
사회문제 해결을 위해 적극적으로 영향력
을 행사할 주체가 있어야 함을 의미한다.
'적절한 자원'은 사회적 가치 창출을 위해
필요한 자원이 제때 적절하게 공급이 되어
야 한다는 뜻이고, 마지막 세 번째 '변화에
대한 절박함'은 문제 해결을 위한 간절함
이 뒷받침되어야 함을 의미한다.

* SAGRESTANO, LYNDA M.,
FINERMAN, RUTHBETH
(2018), "COLLECTIVE
IMPACT MODEL
IMPLEMENTATION:
PROMISE AND REALITY",
Journal of Health & Human
Services Administration.
Summer 2018, Vol. 41 Issue
1, p87-123

린다 사그레스타노Lynda M. Sagrestano는 자신의 논문에서 다음 사
례를 통한 세 가지 선행 요건의 중요성을 언급했다.*

2010년 미국 보건복지부(DHHS) 청소년 보건국은 '임신 및 양
육을 하는 청소년과 여성 지원'에 대한 제안서를 발표했다. 이때
임신, 육아 청소년을 위한 공동 돌봄 시스템을 개발하는 TPPS(임
신, 육아 성공 프로젝트) 보조금 사업을 제안했다. 이것의 취지는
좋았지만 처음부터 정교하게 설계되지 못한 탓에 여러 한계가 있
었다. 문제를 해결하는 데 도움된 것이 바로 세 가지 선행조건이었
다. 이 사업에 참여할 만한 역량과 능력이 있는 영향력 있는 챔피
언이 나타났고, 지역사회에서 자금 부족을 해결할 수 있는 적정한
재정 자원이 충당되었으며, 청소년의 높은 임신율 및 육아 문제에
대한 홍보를 통해 지역사회 내에 변화에 대한 절박감을 유발할 수
있었다.

미국 중부 플로리다에 있는 푸드뱅크 SHFB의 CEO인 데이브 크렙초는 매년 배고픔을 줄이고자 식량 배급을 늘려 왔다. 그럼에도 끼니를 거르는 사람과 풍요롭게 소비하는 사람 간의 격차가 계속 커짐을 알게 되었다. SHFB는 지역사회의 기아를 종식하기 위해 지역의 참여와 지지를 강화한다는 비전을 갖고 노력했다. 그러나 식량 밸류체인의 복잡성과 식량 불균형의 원인 및 영향을 감안할 때 그 해답을 찾기가 쉽지 않았다. 데이브 크렙초와 SHFB 경영진은 이 문제가 단순히 먹어서 배고픔을 줄이는 것에 국한된 문제가 아니라고 생각했다. 사람이 태어나고 자라서 살아가고 일하는 것, 그리고 안전한 곳에 거주하고 교육을 받는 등 사회적으로 반드시 해결해야 하는 '건강'의 문제라고 여겼다. 이 문제를 해결하기 위해 데이브 크렙초와 SHFB는 무엇을 했을까? 1983년부터 기아종식을 위해 노력했던 이들은 기관 혼자서는 이 문제를 해결할 수 없고, 다양한 이해관계자 간 긴밀한 파트너십으로 혁신적인 솔루션을 만드는 것이 필요하다는 것을 깨달았다. 하지만 다른 조직들이 SHFB의 취지에 공감하게 하는 것과 실제 파트너로서 참여하게 하는 것은 또 다른 문제였다. 당시 미국 플로리다 중부지역에서는 어린이 3명 중 1명이 매일 밤 배고픈 상태로 잠자리에 들었고, 지역주민 6명 중 1명은 식량 수급이 불안정한 상황이었다. 자동차 정비나 사고, 의료비 또는 직장 해고와 같은 예상치 못한 사건으로 재정이 부족해져 식량 수급의 불안을 느끼는 가정도 있었다. 그리고 식품을 구입하는 것과 임대료, 공과금, 교통비, 의료비를 지불하는 것 사이에서 종종 상충 관계를 갖기도 했다. 불안정한 식료품 공급은 만성 질환의 위험도 증가시키는 등 악순환이 반복되며 눈덩이 효과를 유발했다. 생각해 보자. 이 글을 읽고 있는 당신이 지역사회의 건강과 식량문제를 해결하길 원하는 SHFB의 CEO라면 이 문제를 어떻게 해결할 수 있을까? 누구와, 무엇부터 시작할까? 어떤 방법으로 접근 할 것인가? 잠시 이 책을 내려놓고 나라면 어떻게 했을지 생각해 보자. 그리고 그 방법은 실제로 효과가 있었을지도 생각해 보자.

2010년, 데이브 크렙초는 가장 먼저 영양사를 고용하고 SHFB가 지역사회 건강에 어떤 역할을 할 수 있는지 조사하기 시작했다. 고용된 영양사는 식료품 창고업자, 무료 급식소, 긴급 대피소, 노인 센터, 탁아소, 방과 후 프로그램처럼 주민들에게 음식을 제공할 수 있는 파트너를 찾고 관계를 맺었다. 그리고 파트너 기관의 영양 및 건강과 관련된 역량 향상을 위해 필요한 것이 무엇인지 확인하고 하나씩 구축해 지원하기 시작했다. 이러한 활동의 결과를 바탕으로, SHFB 경영진은 다양한 주체의 참여를 통해 지역사회에서 중요한 역할을 할 수 있다고 확신하게 되었다. 그들은 서로 다른 분야의 리더들이 협력할 수 있도록 격려하고 '치료제로서의 음식' 개념을 전파하기 위해 함께하기로 약속했다. 그러나 건강과 굶주림 사이의 연관성이 입증되고 지역사회 내 식량 불안을 해결하기 위해 노력하겠다고 약속까지 했음에도 불구하고 수많은 비영리 및 영리 단체, 그리고 정부 기관은 서로 협력하지 않았다. 각자가 해오던 프로세스대로 시스템과 조직을 운영하고, 주요 지표 설정 및 데이터 관리를 하는 등 조직 간의 조정이나 협력이 되지 않는 사일로(조직 간 이기주의) 문제가 지속되었다. 이에 대해 데이브 크렙초와 경영진은 지역 내 리더들에게 다음과 같은 질문을 하기 시작했다. "개별적으로 하지 말고 '우리'가 함께 일하면 어떨까요?" SHFB는 다른 분야의 중요한 리더들을 공통된 사회문제 해결에 참여시키고자, 의도적으로 '우리'라는 단어를 사용했다. 그리고 '치료제로서의 음식'이라는 명제의 공유가치를 강조하여 공동탐색을 장려했다. 또한 콜렉티브 임팩트 개념을 지지하며 프로세스를 소유하기보다는 촉진에 중점을 두고 가치투자를 하기 위해 노력했다. 정부와 기업은 변화를 시행할 인프라와 자원만을 보유하고 있다. 반면 SHFB와 같은 비영리 단체는 사회변화를 위한 혁신적인 솔루션과 지역사회와의 긴밀한 관계망이 형성되어 있기에 부문 간 파트너십을 형성하는 중요한 역할을 하기 시작했다.

이렇게 콜렉티브 임팩트를 추구하며 촉진한 결과, 지난 15년 동안 SHFB의 운영 프로그램은 3개에서 16개로 확대되었고, 5개의 사회적기업을 운영하게 되었다. 이들이 운영하는 프로그램은 콜렉티브 임팩트 방식을 활용하여 식량공급 파트너들의 역량을 강화하고 지역사회 건강을 개선하는 데 중점을 두고 있다. 2020년 기준 SHFB의 운영 예산은 1,700만 달러(약 187억 원)이고, 코로나19 구호기금에 추가로 1,800만 달러(약 200억 원)와 1억 5,500만 달러(약 1,700억 원) 상당의 식품 현물 기부를 할 수 있었다. SHFB는 전통적인 푸드뱅크를 넘어 지역사회에서 건강과 음식을 매개로 주도적인 역할을 하며 550개 이상의 파트너들과 협력하고 있다. 또한 사회적 사명을 달성하기 위해 상품과 서비스를 판매하는 '수프 포 굿'과 같은 사회적기업도 운영하고 있다. 기술, 생활, 고용 능력 및 일자리에 중점을 둔 요리 및 유통 교육 프로그램을 제공함으로써 경제적으로 어려움을 겪는 사람들의 삶을 근본적으로 변화시키고 있다.

SHFB도 콜렉티브 임팩트를 촉진하기 위해 앞서 말한 세 가지 전제 조건이 필요하다는 것에 동의하고 있다. 이러한 전제 조건은 함께 일한 적이 없는 다른 이해관계자와의 연합체를 형성할 수 있는 동기와 충분한 모멘텀을 조성함으로써, 상호 협력 기회를 창출하는 것을 가능하게 하기 때문이다. SHFB는 첫 번째 전제 조건인 영향력 있는 챔피언을 담당했다. SHFB가 초기에 전문가를 채용하여 건강과 식료품의 관계를 규명하고 관련 조직의 연대를 추진한 것도 바로 이러한 변화의 필요를 공동의제로 발현시키고 지지를 유도하기 위함이었다. 영향력 있는 챔피언은 신뢰할 수 있고 존경받는 리더로서 부문 간 리더 그룹의 참여를 유도하고 요청하는 역할을 한다. 그리고 참여하는 주체들은 그들의 광범위한 네트워크를 활용하여 이 프로그램을 확장하고 해당 산업 및 비즈니스 환경을 이해하는 데 기여한다. 또한 재정, 인적, 교육, 정서와 같은 추가 자원을 제공함으로써, 협업의 효율성과 효과를 향상시키는 데 도움을 준다.

하지만 이 세 가지가 있더라도 완벽한 성공을 거둘 수는 없었다. 예를 들어 어느 기관이 사회문제 해결을 위해 외부로부터 자금을 후원받아야 하는 경우, 기관의 소신과 신념을 약화하거나 훼손시켜야 할 때가 있었다. 게다가 자금을 후원받은 곳과 그렇지 못한 단체 간에는 성장의 격차가 생겼고, 이로 인해 자발적으로 협력하던 이들 사이에 분열이 생기기도 한 것이다. 사회적 가치를 만드는 좋은 일을 하자고 한 것인데, 왜 이러한 결과가 나타났을까? 콜렉티브 임팩트의 다섯 가지 필수 요소인 공통 의제, 지속적인 커뮤니케이션, 상호 강화 활동, 중추 지원 조직, 공유 측정 시스템을 갖춤에 있어, 여전히 참여 기관의 전통적인 사고방식과 관점에서 진행되는 경우가 많았기 때문이다. 기본이 변하지 않은 상태에서 협력의 모습만 갖추는 것은 실제 큰 효과를 얻기가 어려움을 확인한 것이다. 더 큰 가치를 만들기 위한 콜렉티브 임팩트가 성공하기 위해서는 우리의 사고방식도 변화해야 한다고 강조한다. 지금까지 우리가 알고 있는 협동, 협조, 공동의 노력만으로는 기대하는 새로운 사회적 가치를 만들 수 없다고 말한다. 기존 조직의 관점에서 콜렉티브 임팩트를 바라보고 적용할 것이 아니라, 필요하면 새로운 조직을 만들고 새로운 사람이 일하도록 하는 것이 새로운 사회에 필요한 새로운 일의 방식인 것이다.

사회적 가치를 강조하는 한국에서는 콜렉티브 임팩트가 제대로 실현되고 있을까? 결과는 두고 봐야 알겠지만, 공공, 민간, 학계, 시민단체 등 스스로의 사고와 행동의 변화없이 단순히 협력만 하는 것으로는 기대하는 효과를 절대 얻을 수 없다. 우리는 변하지 않고, 다른 주체만 변하길 원하는 것도 말이 되지 않는다. 각각의 주체가 영향력 있는 챔피언이 되어야 하고, 적절한 재정 자원을 투입해야 하며, 변화에 대한 간절함을 가져야 한다. 우리는 다음의 질문을 진지하게 생각해 봐야 한다. 우리는 정말 사회적 가치를 만들고 싶은가? 그렇다면 지금 내가, 우리 기업이 해야 할 일은 무엇인가?

사랑받는 기업이 되어야 하는 이유

ESG가 중요해지면서 많은 기업이 ESG 경영을 위해 어떤 노력을 하고 있는지, 앞으로 할 것인지 알리고 있다. 실제로는 ESG에 대해 잘 알지 못하거나 조직적인 대응과 성과 관리 등이 미흡함에도 불구하고, 외부로는 ESG에 대해 관심이 많고 잘하는 기업처럼 이야기하는 경우도 있는 것 같다. 왜 기업은 언론이나 SNS 등의 채널을 통해 그들의 지속가능경영 활동에 관해 이야기할까? 기업 내부적으로 조용하게 ESG 경영을 잘하면 되지 않을까? 얼마 전 SK그룹에서 ESG 업무를 담당하는 임원께서 하신 말이 있다. 어느 모임에 참석해서 ESG 관련 이야기를 나누었는데, 당시 참석자 중 한 명이 다음과 같이 말했다는 것이다. "ESG, 당연히 해야 하는 것 아닌가요? 그걸 왜 굳이……" 이 말을 들은 임원께서는 머리에 한 방 맞은 듯한 기분이 들었다고 한다.

한때 기업이 왜 사회공헌을 해야 하는지에 관한 질문이 많았다. 이것은 경영진이 사내 사회공헌부서 담당자에게 던지는 질문일 뿐만 아니라, 기업의 이해관계자가 기업에 묻는 단골 질문 중 하나였다. 모범답변으로 자주 사용되던 것이 '기업 시민으로서의 책임' '기업에 대한 긍정적 평판 형성' '브랜드 인지도 상승' 등이었다. 그리고 기업이 위기에 처했을 때 사회적으로 좋은 명망을 얻고 있는 기업은 상대적으로 '사회구성원의 지지를 통해 회복할 수 있는 동력이 강하기 때문'이라는 설명도 빠지지 않았다.

그러면 기업이 ESG 경영을 해야 하는 이유는 무엇일까? ESG 경영 후 좋은 성과를 얻기 위해 필요한 것은 무엇일까? 첫 번째 질문인 ESG 경영을 해야 하는 이유는 굳이 설명하지 않아도 될 듯하다. 이미 너무 많은 기사와 글들이 있기 때문이다. 그러면 두 번째 질문인 ESG 성과에 대한 이야기를 해보자. 기업의 ESG 성과는 여러 공시기관과 평가기관에서 만든 환경, 사회 그리고 거버넌스 각 영역의 항목과 지표측정을 통해 확인할 수 있다. 다만 공시 및 평가 기관마다 기준이 다르다. 현재 표준화에 대한 논의를 하고 있지만, 아직까지는 다양한 산업의 특성을 반영한 단일 표준을 정하는 것이 쉽지 않다. 또한 성과에 대해 화폐화 등 정량적으로 환산하여 제시하기도 어려운 상황이다. 이때 평가 기준의 통일이 정말 필요한지

사랑받는 기업이 되어야 하는 이유

도 진지하게 생각해 볼 필요가 있다. 반대하는 의견도 많기 때문이다. ESG 기준 표준화에 대한 설명은 뒷장에서 자세히 다루기로 하자. ESG 평가기준은 각각 다르지만 기업의 기후변화에 대한 노력과 노동, 환경, 근로자 안전 관련 컴플라이언스 준수 여부, 지배구조의 건전성 등 ESG 항목별 자세한 질문과 답을 통해 최대한 객관적인 결과를 도출하고자 노력하고 있다.

하버드대 경영대학원 조지 세라페임 교수는 '기업에 대한 대중의 여론과 평판'이 '기업의 ESG 성과'와 어떤 관계가 있는지 흥미 있는 연구[*]를 했다. 조지 세라페임 교수는 기업 관련 뉴스, NGO, 씽크탱크, 업계 전문가와의 인터뷰 및 미디어에 노출된 정보를 바탕으로 해당 기업에 대한 대중들의 여론과 평판을 조사하고, 대중의 여론이 다음과 같은 영향을 미치는지 알아보았다. 첫째, 투자자가 투자처를 결정할 때 대중의 여론이 영향을 미치는가, 둘째, 기업의 ESG 경영 수준이 대중의 여론에 따라 달라지는가, 셋째, 투자자가 ESG 측면에서 저평가된 주식을 찾는 데 도움이 되는가이다. 이를 확인하기 위해 전 세계 8,000여 개의 기업을 분석한 결과 의미 있는 몇 가지 결과를 확인할 수 있었다. 먼저 투자자가 투자처를 찾고 결정할 때 대중의 여론이 매우 중요함을 알 수 있었다. 실제로 ESG 수준이 훌륭하지만, 가

[*] George Serafeim(2020), "Public Sentiment and the Price of Corporate Sustainability", Financial Analysts Journal.2020. Vol. 76 Issue 2, pp26-46.

끔 사회적으로 물의를 일으키는 기업은 상대적으로 ESG를 잘못하는 기업으로 보이는 경우가 있었다. 반대로 ESG 수준이 낮지만 적극적인 ESG 홍보 및 캠페인 활동을 하여 대중에게 긍정적으로 알려지면 ESG를 잘하는 기업으로 평가되는 경우가 있었다. 대중의 기업 호불호에 따라 투자자가 해당 기업의 ESG 성과를 판단할 때 사실과는 다른 결정을 하도록 영향을 미친다는 것을 알게 된 것이다. 다음으로 ESG에 대한 대중의 관심이 높아지면 기업은 장기적으로 ESG 평가에 도움이 되는 의사결정을 할 가능성이 커짐을 확인했다. 과거에는 대리인 이론에 따라 기업의 미래를 위한 환경시설 투자, 인재 투자 등 당장 도움이 되지 않는 활동은 낭비로 치부되는 경향이 있었다. 하지만 이제 투자자는 피투자기업의 ESG 등 미래의 평판, 법적 비용과 운영 비용을 고려하여 투자 여부를 결정한다. 이에 투자받는 기업 입장에서는 투자자의 선호도를 충족시키기 위해 ESG 경영 수준을 높이는 행동을 한다는 것이다. 마지막으로, 투자자가 많이 참고하는 ESG 평가 중 하나인 모건스탠리캐피털인터내셔널(MSCI)은 기업을 등급으로 나누는 이유로 "투자자가 ESG 위험과 기회를 이해하고 이러한 요소를 포트폴리오 구성 및 관리 프로세스에 통합하도록 돕기 위함"이라고 정의하고 있다. 실제로 최근 ESG 요소를 투자 포트폴리오에 통합하려는 투자자가 증가하고 있다. 이때 기업의 ESG에 대한 실제 수준과 대중의 여론을 비교하는 것은 상대적으로 저평가된 주식을 식별하는 데 도움이 된다는 사실을 알게 되었다.

　기업이 대중에게 사랑받고 존경받는 존재가 되어야 하는 이유가
또 하나 생겼다. 대중에게 신뢰를 주는 조직이 되어야 ESG 경영에
대한 성과도 제대로 인정받을 수 있기 때문이다. 이는 동시에 기업
이 ESG 워싱을 조심해야 하는 이유가 되기도 한다. 평판을 좋게 하
려고 말로만 ESG 경영을 하면 안 되기 때문이다. 사랑받는다는 것
은 어떤 존재를 몹시 아끼고 귀중히 여기는 마음을 받는 것이다. 사
회로부터 모든 기업이 이런 사랑을 받을 수 있기를 바란다.

비슷한 듯 다른 책임 있는 투자 방식들

투자의 목적은 무엇일까? 책의 첫 부분에서 기업의 존재 이유에 대해 살펴보았다. 기업의 목적이 바뀌고 있는데, 이러한 기업에 투자하는 투자자도 바뀌어야 하지 않을까? 일반적으로 투자는 생산시설이나 사회간접자본 등에 자본을 투하하는 행위 또는 이익을 얻기 위해 자본이나 자금을 사용하는 것을 의미한다. 하지만 투자업계에서도 투자자 및 자본의 역할에 대해 다시 생각하고 있다. 블랙록이 투자의 핵심으로 지속가능성을 꼽았고, 한국의 금융권들도 ESG, 즉 환경과 사회와 거버넌스를 고려한 투자를 하겠다고 한다. 이처럼 투자의 가치는 더 이상 수익에 관한 것만이 아니다. 속으로는 여전히 수익에 대한 욕구가 가장 클 수 있지만, 적어도 겉으로는 지속가능한 세상에 그들의 자본이 사용되어야 한다고 말하고 있다. 또한 사회에 긍정적인 영향을 미치는 데 자본을 사용해야 한다고 요구하는 투자자는 계속 늘어나고 있다.

이처럼 지속가능성을 고려한 투자가 관심을 얻으며 ESG 투자, 사회책임투자Socially responsible investing, 임팩트 투자 등이 종종 비교되곤 한다. 얼핏 비슷해 보이는 각각의 용어는 어떤 차이가 있을까? 캐나다의 자산관리 기관에서 일하며 금융과 자산운용 관련 연구를 하는 미셸 저우는 다음과 같이 설명한다.* 미국 사회투자포럼U.S. Forum for Sustainable and Responsible Investment의 2020년 설문 조사에 따르면 실제로 사회책임투자와 그 하위 집합 중 하나인 임팩트 투자는 전체 투자 규모의 1/3 이상을 차지했다. 이는 2018년보다 42% 증가한 연간 17조 달러 이상의 자산규모에 해당한다. 투자 프로세스에 윤리적 고려사항을 통합하는 자금관리 및 투자전략의 규모가 급격히 커지고 있는 것이다. 이때 고객과 전문가 모두가 ESG 투자, 사회책임투자, 임팩트 투자를 종종 같은 의미로 혼용한다. 그러나 고객 포트폴리오를 구성하는 방법과 사회적 임팩트를 달성하기에 적합한 투자인지에는 뚜렷한 차이점이 있다.

먼저 ESG 투자는 다음과 같다. ESG는 투자 성과에 중대한 영향을 미칠 수 있는 환경적, 사회적, 거버넌스 관행을 의미한다. 투자자

* "ESG, SRI, and Impact Investing: What's the Difference?", Investopedia, 2021.06.20.

들은 ESG 통합에 대해 강조한다. 재무적인 정보를 바탕으로 한 기술적 평가를 넘어, 피투자기업의 ESG 현황을 통해 잠재적인 위험과 기회를 식별함으로써 전통적인 재무분석 향상에 사용하기 때문이다. ESG에 대한 다양한 사회적 인식의 차이가 있지만, 투자자의 ESG 평가 목적은 재무 성과다. 즉 ESG 점수가 좋은 곳에 투자하면 수익을 창출할 가능성이 있는 반면 ESG 점수가 낮은 곳의 투자는 수익을 저해할 수 있다는 경험과 믿음이 있는 것이다. 이때 주된 ESG 항목은 다음과 같다.

분야	주요 요소
환경(E)	에너지 소비, 오염물질 관리, 기후변화 대응, 폐기물 처리, 천연자원 보호, 동물 복지 등
사회(S)	인권, 아동 노동, 강제노동, 지역사회 참여, 보건 및 안전, 임직원을 포함한 이해관계자와의 관계 등
거버넌스(G)	이사회 운영, 이해관심사 충돌 관리, 경영진 보상, 투명성 및 공개, 주주관리 등

다음으로 사회책임투자는 특정 윤리적 지침에 따라 투자를 적극적으로 배제하거나 선택하는 ESG보다 한 단계 더 나아간 방식이다. 더 나아간다는 것은 조금 더 구체적일 수 있다는 뜻으로, 사회책임투자의 근본적 동기인 종교, 개인 또는 기관의 가치, 정치적 신념에

따라 더 나은 사회를 만드는 곳에 투자하는 것이다. 밸류에이션을 형성하는 ESG 분석과 달리, 사회책임투자는 ESG 요소를 사용하여 투자 시 부정과 긍정을 선별하고 투자결정을 한다. 예를 들어, 투자자가 전쟁을 반대하는 신념을 가지고 있을 경우 무기를 만드는 회사에 투자하는 뮤추얼 펀드 또는 상장지수펀드(ETF)를 피하는 것이다. 또는 투자자가 기업의 사회공헌을 긍정적으로 평가할 경우, 투자 포트폴리오의 일정 부분을 자선 활동에 기여하는 회사에 할당하도록 선택하는 것이다. 사회책임투자도 ESG 투자와 마찬가지로 네거티브 스크리닝을 하는데, 이에 해당하는 종목은 앞서 언급한 술, 담배 및 중독성 물질, 도박, 테러 조직, 환경오염 등의 죄악주 종목과 동일하다. 이때 간과하면 안되는 것은 사회책임투자를 중시하는 투자자라도 수익 창출은 여전히 중요하다는 것이다. 하지만 수익과 사회적 가치를 추구함에 있어 원칙과 균형을 이루어야 하는 것이 핵심으로, 사회적 양심을 훼손하지 않고 수익을 창출하는 것이 중요하다.

임팩트 투자는 긍정적인 결과가 가장 중요하다. 어떤 식으로든 사회에 긍정적인 영향을 미칠 필요가 있는 것이다. 따라서 임팩트 투자의 목적은 기업과 조직이 사회나 환경에 유익한 특정 목표를 달성하도록 돕는 것에 있다. 좋은 투자 성과도 기대하지만 사회에 긍정적 영향이 우선이 되는 의사결정을 하고 투자하는 것이다.

미국의 재무관련 서비스를 제공하는 교직원퇴직연금기금 (TIAA)이 실시한 설문조사에 따르면 현재 투자자의 약 절반이 책임 있는 투자를 하고 있으며 그와 비슷한 수의 투자자가 전체 포트폴리오를 책임 있는 투자로 전환할 의향이 있다고 응답했다. 윤리적으로 투자하려는 욕구는 특히 밀레니얼 세대에서 두드러진다는 것도 확인되었다. 그러나 이 분야에 맞는 투자 개념과 투자 상품의 복잡성이 증가함에 따라 이러한 욕구를 구현하는 것이 쉬운 일은 아니라는 것도 지적했다. 점점 더 많은 투자자들이 자신의 투자금이 수익성이 있으면서 동시에 사회적 가치를 반영하는 주식이나 펀드에 투자되기를 원한다. ESG 투자, 사회책임투자, 임팩트 투자가 이를 모두 충족한다. 정리하면 ESG 투자는 보다 전통적인 재무성과 측정과 함께 회사의 환경, 사회 및 거버넌스 관행을 살펴보는 것이다. 사회책임투자는 특정 윤리적 지침에 따라 투자를 적극적으로 배제하거나 선택하는 것을 포함한다. 그리고 임팩트 투자는 기업이나 조직이 프로젝트를 완료하거나 프로그램을 개발하거나 사회에 도움이 되는 긍정적인 결과를 내도록 도우며 수익을 창출한다. 지금까지 우리는 어떤 투자를 해왔는가? 내 주식잔고에 담겨있는 기업은 어떤 이유로 선택했는지 생각해보자. 쪽집게 투자고수가 고수익을 장담하며 추천한 주식이 담겨있거나, 본인이 근무하는 회사의 자사주를 담고 있기도 할 것이다. 때로는 묻지마 투자를 한 경우도 있을테다. 하지만 앞으로는 현 시대의 흐름이기도 한 ESG, 사회책임투자, 임팩트 투자방식을 통해 정의로운 사회를 만드는 데 기여해 보는 것은 어떨까? 나는 개미투자자여서 영향이 없을 거라고 생각한다면 생각을 바꿔보자. 개미투자자가 만든 기적은 많이 찾아볼 수 있다. 그리고 이미 기관투자자와 대형 투자사들이 경쟁하듯이 정의로운 투자의 비중을 늘리고 있는 중이기 때문에 외로운 길은 아닐 것이다.

폭증하는 ESG 채권, ESG 펀드

재태크에 관심 있는 사람이라면 ESG 채권, ESG 펀드, 사회적 채권, 녹색 채권 등의 용어를 한 번쯤 접해봤을 법하다. 우선 채권과 펀드부터 구분해 보자.

학창시절 국사 과목에서 배운 '국채보상운동'의 기억을 더듬어 보자. 일본은 대한제국을 경제적으로 예속시키려는 목적으로 1,300만 원어치의 차관을 제공했다. 반강제적으로 제공받은 차관이었는데, 당시 대한제국은 갚을 능력이 없었다. 이에 1907년 경상도 대구를 중심으로 국채보상운동이 벌어지게 되었다. 여기서 말하는 국채는 채권의 한 종류이다. 우리나라의 경우 1949년 12월 국채법을 제정하고, 건국국채라는 대한민국 최초의 채권을 통해 자금을 확보하기 시작했다. 이후로 산업부흥국채, 회사채, 도로국채, 전력채권, 양곡증권 등 다양한 채권을 발행했고, 1999년에는 한국거래소에 국채전문유통시장이 개설되었다.

이러한 채권은 정부, 공공단체, 주식회사 등이 시장으로부터 자금을 조달하기 위해 발행한 채무이행약속증서, 즉 차용증서를 뜻한다. 채권은 상환기한이 정해져 있으며, 이자가 확정되어 있는 확정이자부 증권이다. 채권은 대체로 정부 등이 발행(국채)하므로 안전성이 높고, 이율에 따른 이자소득과 시세차익에 따른 자본소득을 얻을 수 있다는 장점이 있다. 그리고 현금화할 수 있는 유동성이 크다. 이러한 채권은 국가뿐만 아니라 민간기업도 발행하기에 금융권이나 일반 기업에서 ESG 채권 발행에 성공했다는 소식을 전하곤 한다. 대규모 ESG 관련 채권을 발행한 LG화학이 대표적 예다. 이 중 녹색채권은 친환경적 가치를 창출하는 사업부문에 한정하여 발행 대금을 사용하는 채권을 의미한다. 유엔 지속가능발전목표에 부합하는 카테고리를 산정하고, 취지에 맞는 프로젝트에만 사용하게 된다. LG화학은 ICMA(국제자본시장협회)의 녹색채권 원칙을 준수하고 있고, 녹색채권으로 미련된 자금을 재생에너지, 순환경제, 전기차 배터리 소재 등 환경 개선 프로젝트에 사용할 계획이다. 지속가능채권은 친환경 또는 사회적 가치를 창출하는 사업 부문에 한정하여 발행 대금을 사용해야 한다. 이 채권도 마찬가지로 유엔 지속가능발전목표에 부합하고 취지에 맞는 프로젝트나 대출에만 사

용하게 된다. LG화학은 지속가능채권으로 조
성된 재원을 탄소중립, 대기오염물질 배출 관리

* LG화학 홈페이지 참고

등 환경 개선 프로젝트와 중소협력업체 경영 안정성 및 동반성장
금융지원, 산업재해 예방, 백신개발 등 사회적 책임을 실행하는 프
로젝트에 사용할 예정이다.*

반면 펀드는 특정한 목적을 위해 모아진 자금을 자산운용회사가
투자자들을 대신해 운용하는 금융상품을 말한다. 참고로 금융권이
투자자의 돈을 모아 운용하는 것뿐만 아니라 불우이웃돕기, 학교건
립 등 특정 목적을 위해 모금하는 것도 모두 펀드에 해당한다. 일반
적으로 개인은 주식투자를 많이 한다. 하지만 정보나 전문성 부족
으로 어느 곳에 얼마큼, 얼마나 오래 투자할지 정하는 것이 쉽지 않
다보니 투자금에 손실이 생기는 경우가 많다. 이러한 위험을 줄이
기 위해 선택하는 것이 펀드다. 금융 기관에서 모집하는 펀드에 가
입하면 투자 전문가인 펀드 매니저들이 선정한 기업에 투자금이 투
자된다. 펀드매니저는 돈을 어디에 어떻게 투자할 것인지 연구하
는 사람이기 때문에, 개인적으로 주식투자를 하는 것보다 더 안전
하게 투자금을 관리해 줄 것이라고 기대하고 수수료까지 주며 맡기
는 것이다. 그런데 주식투자와 마찬가지로, 펀드도 주의해야 할 점
이 있다. 펀드 자금으로 투자한 곳의 주가가 떨어질 경우에 생기는
손해를 펀드 회사나 펀드매니저가 책임지지 않는다. 어떤 경우에는

맡긴 돈보다 더 적은 돈을 돌려받게 될 경우도 있으므로 신중한 선택을 해야 한다. 얼마 전 옵티머스펀드, 라임무역금융펀드, 파생결합펀드(DLF) 등의 사태로 총 6조 원이 넘는 투자자 피해가 발생하며 우리나라가 떠들썩했다. 이처럼 투자운용사가 국공채에 투자한다고 속이고 자금을 모은 후, 부실한 사모사채에 투자했다가 손실이 생기는 등의 문제는 불완전 판매로 비롯되는 경우가 많다. 불완전 판매란 금융기관이 고객에게 상품의 운용방법, 위험도, 손실가능성 등 필수사항에 대해 충분히 알리지 않고 판매하는 것을 의미한다. 투자 원금 또는 수익률을 보장한다든지, 사실에 근거하지 않고 출처를 밝히지 않은 자료를 투자자에게 제시하는 경우, 그리고 펀드의 가치에 부정적 영향을 미치는 중대한 사항을 알고도 미리 투자자에게 알리지 않고 판매하는 행위 등이 포함된다. 펀드 종류 중에 ESG 펀드도 종종 눈에 띈다. 국내에만 해도 수십 개의 ESG 펀드가 있다. 글로벌의 경우 ESG 투자 규모는 8년 새 3배나 증가했고 2020년에는 그 규모가 40조 달러를 돌파했다는 보도가 나오기도 했다. ESG 펀드는 ESG 관련 벤치마크* 지수를 따라 주식 종목을 담는다. 하지만 그렇지 않은 펀드들도 있는데 이런 상황이다 보니, ESG라는 이름을 달고 있긴 하지만 그 펀드들이 실제로는 얼마나 좋은 성과를 내고 있는지 확인하기 어려운 상황이다. 실제 ESG 펀드에 편입되어 있는 종목이 기존 대형

> * 투자의 성과를 평가할 때 기준이 되는 지표로, 투자수익률이 벤치마크보다 높으면 초과 수익을 달성한 것으로 본다.

주와 크게 다를바 없고, 종목에 대한 구체적인 설명도 없는 상황이라 ESG 워싱이라는 지적도 많다. 그럼에도 새로운 ESG 펀드는 계속해서 출시되고 있다.

ESG 채권이 정의로운 기업가가 자금을 모으는 방식이라면, ESG 펀드는 정의로운 투자자가 자금을 투자하는 방식이다. 워싱이라는 비판 앞에 자유로울 수 있으려면 ESG 채권 발행으로 모은 자금은 반드시 환경과 사회를 좋게 만들 수 있는 기업의 경영활동에 사용되어야 한다. 그리고 ESG라는 단어를 붙인 펀드라면, 그에 걸맞는 기업으로 펀드 포트폴리오를 구성해야 한다. 그리고 기업과 투자자는 투명하고 솔직하게 사용 결과와 구성 원칙에 대해 이해관계자들과 소통할 필요가 있다.

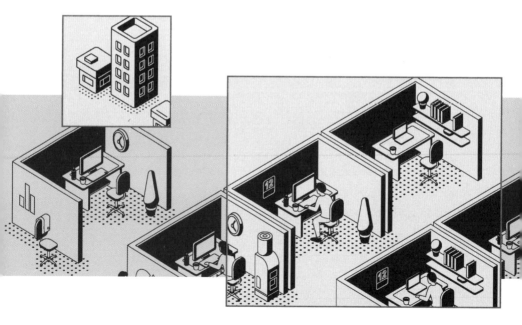

4장

정의로운
거버넌스

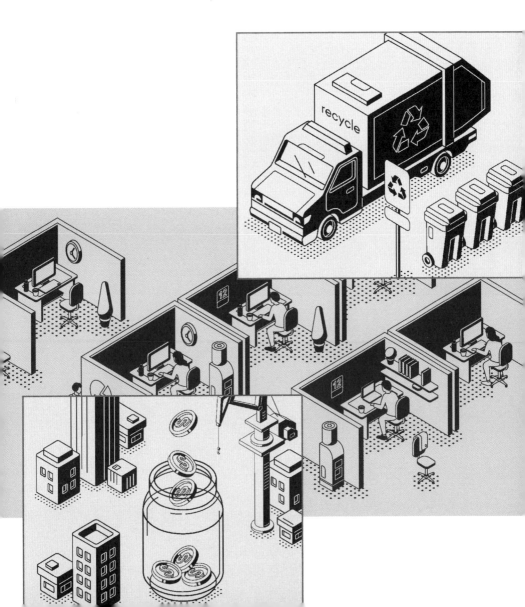

거버넌스는
책임을 지는 것

지속가능경영이 중요해지면서 지배구조라는 단어의 사용도 증가했다. 과거에는 기업의 경영권이 2~3세 등에게 승계될 때 사회적으로 관심받곤 했지만, 이제는 기업의 지속가능성을 확인하는 주요한 요소로서 지배구조가 언급된다. 한국에서는 ESG 중 G(거버넌스)를 지배구조로 종종 해석한다. 그렇다 보니 ESG에 관한 이야기가 나올 때마다 자연스럽게 지배구조를 떠올리게 된다. 하지만 거버넌스를 지배구조라고 해석하기엔 아쉬운 부분이 있다. 거버넌스가 담고 있는 많은 의미가 퇴색될 수 있기 때문이다. ESG에서 E와 S인 환경과 사회는 어느 정도 상식 선에서 해석이 가능하다. 하지만 지배구조는 왠지 어렵게 느껴지는 것이 사실이다.

거버넌스란 무엇일까? 사회적 책임에 대한 가이드라인인 ISO 26000의 7가지 핵심 주제 중 하나가 조직 거버넌스이다. 국제표준화기구는 거버넌스를 '조직의 목표를 추구하는 데 의사결정을 내리고 그 의사결정을 실행하는 시스템을 의미한다'라고 정의한다. 거버넌스는 두 가지 형태로 나타날 수 있다. 첫 번째는 정해진 구조와 프로세스에 기반한 공식적인 메커니즘이다. 두 번째는 조직을 이끄는 사람으로부터 영향을 받아 조직의 문화 및 가치에 연계되어 나타나는 비공식적 메커니즘이다. 결국 조직 거버넌스는 조직 내 의사결정의 프레임워크이기 때문에 모든 조직의 핵심 기능이 된다. 지속가능경영에서 거버넌스를 중요한 요인으로 판단하는 이유도 바로 이 때문이다. 거버넌스는 조직이 환경과 사회를 위한 경영을 하도록 최종 결정하는 시스템이다. 따라서 거버넌스가 건강하지 못하거나 제대로 작동하지 않으면 조직이 올바른 의사결정을 하는 것 자체가 불가능하다. 이러한 거버넌스 시스템은 조직의 규모 및 유형에 따라, 조직이 운영되는 환경·경제·정치·문화·사회 맥락에 따라 다르게 구현된다. 그리고 거버넌스라는 의사결정 시스템은 조직이 목표를 추구하는데 권한과 책임이 있는 소유주, 주주, 구성원 외에도 기타 영향력 있는 이해관계자에 의해 통제된다. 이는 거버넌스는 이래야 한다는 한 가지 정답이 없다는 것을 의미한다. 동시에 성공한 거버넌스라도 국가에 따라, 기업에 따라, 조직 문화가 상이한 곳에서는 성공하리라는 보장이 없음을 뜻한다.

왜 거버넌스가 중요할까? 거버넌스 자체가 조직이 수행하는 핵심 주제이기 때문이다. 동시에 환경 경영, 인권 경영, 윤리 경영, 소비자, 지역사회 등 다른 주제에 대해서도 사회적으로 책임 있는 방식으로 행동하도록 조직의 능력을 증가시키는 수단이 되기에 중요하다. 거버넌스를 통해 의사결정하는 것은 그에 따른 '책임'까지도 진다는 것을 의미한다. 거버넌스가 의사결정을 하는 막강한 권한만을 의미하지 않는다는 뜻이다. 우리는 조직의 의사결정과 책임이 동일시되는지를 확인함으로써 그 조직이 건강한지, 사회적 책임을 제대로 수행하는지를 판단할 수 있다. 본 장의 제목을 '정의로운 거버넌스'라고 적은 이유가 바로 이 때문이다. 좋은 것을 넘어서 옳은 것을 선택하는 용기, 그리고 이러한 결정에 대한 책임까지 지는 것이 사회가 기대하는 거버넌스이다.

우리가 한 행동을
설명할 책임

거버넌스가 중요한 이유를 알게 되었다면, 다음과 같은 질문으로 이어진다. 어떻게 효과적인 거버넌스를 갖출 수 있을까?

방법은 생각보다 간단하다. 앞서 설명했지만, ISO 26000에서는 사회적 책임 원칙을 조직의 의사결정 및 실행에 통합하면 된다고 안내하고 있다. 이 사회적 책임의 궁극적인 목표는 지속가능발전에 대한 기여를 극대화하기 위함이다. ISO 26000에서 제시한 7가지 원칙은 설명책임, 투명성, 윤리적 행동, 이해관계자 이해관계 존중, 법치 존중, 국제행동규범 존중 및 인권 존중이다.

이 중 설명책임은 조직이 사회·경제·환경에 미치는 영향에 대해 설명을 다 하는 책임을 져야 하며, 조직이 적절한 감시를 수용하고 이 감시에 대응할 의무를 받아들이는 것을 말한다.

지각 한 번 하지 않고 정시에 출근하던 직원이 아무런 연락도 없이 결근했다고 치자. 상사인 당신은 다음날 출근한 이 직원에게 무슨 말을 하겠는가? 십중팔구 결근한 이유를 물어볼 것이다. 그러면 직원은 아팠다든지, 가족에게 급한 일이 생겼는데 핸드폰을 분실해서 연락을 못 했다든지 그 이유를 설명할 것이다. 그다음 단계로 설명을 들은 당신은 어떤 조치를 할지 판단할 것이다. 이처럼 이해관계자 간 커뮤니케이션은 벌어진 일에 대한 설명으로부터 시작되기에 '설명책임'은 중요하다.

2011년 우리를 아프게 했던 사건이 있었다. 바로 가습기 살균제로 인한 사망 사건이다. 물을 담고 있는 가습기의 특성상 세균의 증식이 용이하여 자주 세척해야 한다. 하지만 이러한 불편함을 획기적으로 해결해 준 제품이 가습기 살균제였다. 살균제를 물에 넣으면 자주 닦지 않아도 세균의 번식을 예방할 수 있다는 광고에 많은 소비자가 이 제품을 구매했다. 사실 가습기 살균제는 1990년대 중반부터 사용되었는데, 이후 어린아이들이 이유도 모른 채 죽기 시작했다. 그러다 사망한 이들의 공통점이 폐가 굳어 숨을 쉬지 못하는 폐 섬유화 현상인 것을 2006년 확인했다. 이 증상은 유독 겨울과 봄에 많이 나타나고 여름이 되면 다시 사라지곤 했는데, 여전히 정확한 이유는 알 수 없었다. 원인이 밝혀진 것은 동일한 증상으로 아이들뿐만 아니라 임산부들도 사망하기 시작한 2011년이었다. 기관지 옆 폐포만 손상이 되는 것을 볼 때 공기 중 떠다니는 어떤 물질 때문이라고 추정하고, 질병관리본부에 의뢰하여 역학조사를 시작했다. 7개월 간의 조사 끝에 가습기 살

균제에 포함된 화학물질(PHMG, PGH, CMIT, MIT)이 사망의 원인임을 알게 되었다. 그리고 이 사건은 살생물제*로 심각한 피해를 입은 대표적인 사례가 되었다. 이 사건 이후로 화학물질에 대한 두려움을 뜻하는 '케미포비아'라는 단어를 사용하는 사람들도 늘어났다. 가습기 살균제로 피해 입은 소비자들은 제품 제조사에 어떤 물질이 포함되어 있는지, 얼마나 사용하고 있는지, 치명적인 수준은 어떠한지 등을 공개할 것을 요구했다. 소비자의 권리 중 하나인 '알 권리'를 행사한 것이다. 하지만 기업들은 영업비밀이라는 이유로 거부하며 지난한 공방을 계속했다. 재판부는 결국 PHMG와 PGH 물질이 포함된 제품을 만든 영국계 회사에 대해서는 유죄판결을 내리고, CMIT와 MIT가 포함된 제품의 한국기업에는 무죄를 내렸다. 이 판결에 불복한 소비자들은 지속적인 시위와 문제 제기를 하고 있다. 이 사건을 ESG 경영을 위한 '설명책임' 관점에서 본다면 기업은 어떻게 해야 할까? 앞서 설명한 것처럼 기업은 사회·경제·환경에 미치는 영향에 대해 설명을 다하는 책임을 져야 한다. 그리고 적절한 감시를 수용하고 이 감시에 대응할 의무를 받아들여야 한다. 사실을 감추거나 의도적인 방해는 기업이 선택할 수 있는 옵션 중

옳지 않은 행동임이 자명하다.

　설명책임은 조직이 갖고 있는 권한의 양 또는 정도에 비례해야 한다. 최종 결정을 하는 권한을 가진 주체는 본인 조직의 영향력을 고려하여 의사결정 및 감독의 질에 더 많은 주의를 기울여야 하는 것이다. 운전을 해본적이 있는가? 그리고 혹시 과속으로 과태료 혹은 범칙금을 낸 적이 있는가? 이때 부과되는 범칙금과 과태료는 제한속도를 얼마나 초과했는지에 따라 비례한다. 제한속도 20km 이하로 초과한 운전자와 20km 이상 초과한 운전자가 내야 할 과태료가 다르듯이, 조직도 그들이 갖고 있는 영향력에 비례하여 더 많은 책임을 지도록 요구받아야 한다.

　마지막으로 설명책임은 잘못이 발생했을 때 개선을 위한 적절한 조치를 하고, 그 책임을 받아들이는 것도 포함된다. 앞서 예를 든 가습기 살균제 사건은 어떻게 마무리되었을까? 유죄 판결을 받은 어느 기업의 경우, 2011년 가습기 살균제 문제가 터지자 민·형사상 책임을 피하기 위해 증거를 조작하고 인멸했으며 피해자들을 회유하기도 했다. 그리고 그해 12월에는 주식회사에서 유한회사로 바꾸는 '조직변경' 절차를 진행했다. 기존 법인을 해산하고 주주, 사원, 상호가 동일한 새로운 회사를 만든 것인데, 법인에 돌아갈 책임을 회피하기 위해서라는 비판을 받았다. 이런 경우 거버넌스가 좋은 회사는 정말 문제가 있었는지 확인해 그 결과를 이해관계자들과 소통한다. 그리고 문제가 있었다면 재발방지를 위해 노력하고, 잘못에 대한 책임을 진다. 우리 조직은 어떠한가? 책임을 다하려는 경영진과 직원이 많은가? 아니면 눈앞의 위기를 모면하고 남의 탓으로 돌리는 임직원이 많은가?

용기가 필요한
투명성

중국의 최대 차량공유업체 디디추싱이 뉴욕증권거래소에 상장되었다. 그런데 중국 당국의 규제 때문에 곧바로 주가가 폭락했다. 상장한 지 한 달도 안되어 주가는 거의 반토막이 되었고, 막대한 손해는 고스란히 투자자가 입었다. 디디추싱이 상장 전 투자자들에게 중국 정부의 규제와 관련된 위험을 충분히 알렸는지가 쟁점이 되었다. 손해를 본 투자자는 디디추싱을 상대로 집단소송을 제기했다. 미국 증권거래위원회(SEC)는 미국 주식시장에 상장하려는 기업에 까다로운 조건을 요구한다. 그에 따라 증권거래위원회의 젠슬러 위원장은 디디추싱이 상장 전에 이 같은 위험을 충분히 공개하지 않았다며 질타했고, 기업의 투명성을 강화하는 방안 마련을 지시하고 상장 기준을 높이겠다고 발표했다. 미국의 경우 공시 자료는 증

권법에 따라 의무적으로 EDGAR* 시스템에
공시해야 하는 자료와 투자자를 위해 자발
적으로 공시하는 자료로 나뉜다. 이때 기업

* 한국의 전자공시시스템인
DART와 같은 미국의 전자공
시시스템이다.

의 공시 내용이 충분하지 않거나 상대적으로 부실하면 시장의 관심
은 낮아지게 된다. 그래서 일반적으로 주식의 유통 물량이 적을 수
밖에 없다. 또한 이러한 기업을 분석하고 긍정적으로 평가하는 애
널리스트도 없기 때문에 주가 상승을 기대하는 것은 더더욱 어렵
다. 이런 경우 투자자들은 알 권리를 주장하며 원하는 자료를 공시
하도록 경영진에게 요구하기도 한다.

우리 조직은 투명한가? 나는 투명한가? 건강한 거버넌스를 위해
서는 각 조직이 사회 및 환경에 영향을 미치는 의사결정과 활동에
대해 투명해야 한다. 따라서 조직이 책임지는 범위는 어디까지이며
어떤 정책을 준수할 것인지, 어떻게 의사결정을 하며 실제 어떤 활
동을 했는지 공개해야 한다. 이 정보는 조직으로부터 영향을 받거
나 받을 가능성이 있는 사람이 바로 이용할 수 있도록 직접 접근 가
능하고 이해할 수 있어야 한다. 그리고 조직의 의사결정과 활동이
이해관계자 각각에게 미친 영향을 정확하게 평가할 수 있도록 시기
가 적절하고 사실적일 필요가 있다. 또한 명백하고 객관적인 방식
으로 제시되어야 한다. 현재 많은 기업과 기관이 재무적인 정보와
비재무적인 정보를 공시하고 있다. 기업이 공개하는 정보는 투명한

가? 투명하다는 것은 솔직하다는 것이고 솔직하다는 것은 감추는 게 없다는 것이다. 그러면 기업은 감추는 것 없이 모두 공개하고 있을까? 사실 그렇지 않다. 지속가능경영 보고서 또는 기업 홈페이지에는 기업에게 유리한 정보 위주로 담겨 있다. 재무적인 정보와 함께 비재무적 정보도 균형 있고 객관적인 근거와 함께 공개해야 함에도 불구하고 말이다. 그래서 지금까지는 사회로부터 신뢰를 얻는 데 실패했다. 공개된 정보가 투자여부를 결정해야 하는 투자자에게는 정작 쓸모가 없고, 구직을 하는 취업준비생들의 필독서로 전락한지 오래되었다.

1982년 9월, 미국 시카고에서 제약회사 존슨앤존슨이 생산하는 진통제인 타이레놀을 복용한 후 7명이 사망하는 사건이 발생했다. 당시 타이레놀은 존슨앤존슨의 주력제품 중 하나였다. 아스피린의 부작용을 제거한 진통제로 미국 내 시장점유율 35%를 차지하며 대중적 인기가 높았다. 사건 발생 이후 미국 식품의약국(FDA)뿐 아니라 연구소와 존슨앤존슨 간에 핫라인이 가동되며 500명 넘는 조사관이 원인을 조사했다. 그 결과, 누군가 유통과정에서 캡슐형 타이레놀 일부에 독극물인 청산가리를 투입한 것으로 밝혀졌다. 마침내 미국 식품의약국은 사망자가 발생한 시카고 지역에 배포된 타이레놀을 수거할 것을 권고했다. 존슨앤존슨은 자사의 과실이 아니기에 시카코 지역의 약만 수거하면 됨에도 불구하고, 그들의 가치선언문인 '우리의 신조Our Credo' 첫 문장에 있는 대로 실천했다. 존슨앤존슨의 '우리의 신조' 첫 문장은 이렇게 시작한다. '우리는 우리의 첫 번째 책임이 환자, 의사와 간호사, 어머니와 아버지, 그리고 우리 제품과 서비스를 사용하는 모든 사람에게 있다고 믿습니다'. 이러한 원칙에 따라 미국 전역에서 판매되던 타이레놀을 즉각 수거했을 뿐만 아니라, 타이레놀의 생산과 광고를 전면 중단했다. 또한 추가 사고를 방지하기 위해 캡슐형태의 타이레놀을 알약으로 교환해줌으로써 더 이상 위험이 있는 약을 복용하지 않도록 확실한 조치를 취하는 등 책임 있는 대응 태도를 보였다. 존슨앤존슨은 사건과 관련된 뉴스가 처음 보도 되자마자 언론의 취재에 성실하게 임함은 물론, 언론에 관련 정보를 최대한 공개했다. 당시 타이레놀의 시장 점유율이 35.4%에서 사건 직후 7%까지 떨어졌지만, 기업의 투명하고 적극적인 책임이행 활동으로 다시 원래대로 회복할 수 있었다.

이러한 존슨앤존슨은 현재도 유사한 문제에 직면해 있다. 존슨앤존슨의 대표 제품 중 하나이자 한국에서도 친숙한 베이비파우더 제품이 이슈의 중심에 있다. 2018년 이 제품 안에 포함된 활석 성분때문에 난소암에 걸렸다며 20명의 여성이 소송을 냈고 미국 법원은 소비자의 손을 들어주었다. 당시 이 사건을 맡았던 판사는 존슨앤존슨이 "수십년 동안 이러한 제품의 안전성을 잘못 표기"했고, 이는 "피고인이 비난받을 만한 행동"이라고 판결했다. 처음에는 손해배상금으로 47억 달러(약 5조 4천억 원)를 선고했으나, 나중에는 21억 2천만 달러(약 2조 4천억 원)로 줄어들며 최종 판결이 확정되었다.

이에 대해 존슨앤존슨은 항소를 했으나 2021년 5월, 미국 대법원은 이를 기각하며 마무리되었다. 존슨앤존슨은 제품 안전성에 문제가 없다는 주장을 하면서도, 2020년 5월부터 베이비파우더에 활석 사용을 전면 중단했다. 다만 존슨앤존슨 홈페이지에 객관적인 근거와 함께 다양한 정보를 공개하며 활석의 안전성에 대해서 여전히 주장하고 있다. 지금까지 존슨앤존슨의 투명한 경영이 여러 위기를 극복하는 데 도움이 되었다. 이번 이 위기를 회복하는 데에는 얼마나 걸릴지, 회복할 수 있을지까지도 두고 볼 필요가 있겠다.

투명한 소통이 중요하다고 기업의 모든 것을 알려야 할까? 그렇지는 않다. 투명성의 원칙은 기업이 소유한 모든 정보의 공개를 요구하는 것은 아니다. 특권이 있거나 법률, 상거래, 보안 또는 개인의 프라이버시 보호 규정을 위반할 가능성이 있는 정보는 공개할 필요없다. 그러나 그들의 의사결정과 활동으로 인해 이해관계자와 사회·경제·환경에 미치는, 혹은 미칠지도 모르는 영향에 대해서는 숨김없이 공개하는 용기가 필요하다. 우리 사회에 용기 있는 경영진과 이사회가 많아지길 기대한다.

윤리적인 행동이
지속가능성을 만든다

2001년 연말, 강렬한 광고가 등장했다. "여러분, 여러분 모두 부~ 자 되세요! 꼭이요." 비씨카드의 광고로 한번 쯤은 보았을 것이다. 이 광고가 히트를 친 2000년대 초반의 한국은 1997년부터 시작된 외환위기를 벗어나고자 노력한 끝에 국제통화기금(IMF)의 관리 체제가 갓 종료되었던 때였다.

1997년 11월 21일, 임창열 경제부총리가 특별 기자회견을 가졌다. 당시 우리나라 빚이 1,500억 달러가 넘었는데 반해 보유하고 있는 외화는 40억 달러에도 미치지 못한다며, IMF에 공식적으로 자금 지원을 요청하겠다는 내용이었다. 이에 IMF가 210억 달러, 국제부흥개발은행(IBRD)이 100억 달러, 아시아개발은행(ADB)이 40억 달러를 지원했다. 미국, 일본, 독일, 프랑스, 영국, 캐나다, 호주에서 추가로 200억 달러가 지원되어 총 550억 달러의 지원을 받았다. 이로써 국가 부도 사태는 겨우 면했지만, IMF는 우리나라에 강한 경제 구조조정을 요구했다. 이때 기업들이 합쳐지거나 무너지고 은행들이 도산하며 주식은 휴지 조각이 되었다. 이때 갑자기 일자리를 잃은 가장들도 많았는데, 그 사실을 가족에게 알리지 못한 채 양복을 입고 산이나 공원에 갔다가 퇴근하는 척 하는 일상이 언론에 보도되기도 했다. 아픈 IMF 위기는 다행히 오래가지 않았다. 위기를 극복하고자 정부와 온 국민이 함께 힘을 합친 결과, 예정보다 3년 정도 앞선 2001년 8월 23일, 공식적으로 IMF 위기를 완전히 벗어났다는 발표가 있었다. 전국은 축제의 분위기였다. 어려움을 극복한 우리의 저력을 다시한번 확인할 수 있었던 경험이었다.

하지만 IMF의 관리 체제가 끝난 지 얼마 되지 않아 한국은 다시한번 큰 위기를 맞았다. IMF의 관리를 받던 정부는 외환위기로 어려웠던 경제를 되살림과 동시에 사회에 만연해 있던 탈세를 규제하기 위한 방안을 고심했다. 이 과정에서 정부는 소비를 통한 경기부양과 원활한 세금징수를 위해 신용카드 사용을 적극 권장키로 했고, 이때 신용카드에 대한 규제가 대폭 완화되었다. 1999년 5월에는 신용카드 현금서비스 한도를 폐지했고, 6월에는 신용카드 소득공제 제도를 만들어 신용카드를 많이 사용할 경우 세금을 줄여주는 제도를 마련했다. 2000년에는 신용카드 영수증 복권 제도도 시행했는데, 전국의 웬만한 가게에서 신용카드를 사용할 수 있게 된 것도 이

윤리적인 행동이 지속가능성을 만든다

때부터였다. 이러한 정부의 경제부흥 정책에 신용카드 회사들도 보조를 맞추며 빠르게 신용카드를 보급했다. 그런데 카드사들이 신용카드 발급에 부적절한 사람에게까지 카드를 발급해 줬다는 문제가 있었다. 고정적인 수입이 없는 대학생은 물론 미성년자인 고등학생에게까지 발급한 것이다. 신용카드 사용을 통한 경제활성화를 하던 시기에 등장한 것이 바로 비씨카드의 모두 부자되라는 광고였다. 그리고 2002년 현대카드는 "열심히 일한 당신 떠나라"는 카피의 광고를 냈고, 2000년대 중반에는 "아버지는 말하셨지, 인생을 즐겨라"는 광고를 하기도 했다. 하지만 이 광고 카피는 "아버지는 망하셨지, 인생을 즐기다"라는 패러디를 낳았다. 바로 2002년부터 시작된 카드대란 때문이었다.

당시 정부와 카드사들이 미처 발견하지 못했던 문제가 있었다. 외환위기 이후 한국 경제는 아직 불안한 요소가 많았던 것이다. 특히 국민들의 소득이 불안정한 상황에서 정부정책과 카드사의 적극적인 마케팅으로 무분별하게 신용카드를 사용하는 경우가 많았다. 신용카드 사용은 현재의 소비를 미래의 빚으로 떠넘기는 행위이기 때문에 계획적인 소비를 하는 것이 필요하다. 그런데 소득이 없으면서도 카드를 마구 긁은 탓에 카드 빚에 쫓기는 청년들이 생겨났다. 또한 낮은 신용등급으로 은행에서 대출받기 어려운 사람들은 신용카드 현금서비스로 생활비를 충당하는 사례가 증가했다. 연체율이 증가하면 카드 대금을 갚기 위해 다른 카드를 사용하는 일명 '카드 돌려막기'도 성행했다. 당시 현금서비스의 이자는 연 30% 수준으로 은행 대비 매우 높았지만, 카드사에게는 매력적인 수익원이라 쉽게 카드 발급이 가능했기 때문이다. 그 결과 2002년 카드 이용금액 중 현금서비스 이용액 비중은 약 60%를 차지할 정도였다. 2002년부터 증가하기 시작한 카드 연체율은 2003년 말 총 사용 금액의 14%를 넘었다. 그리고 카드대금을 갚지 못하는 사람들이 늘면서 외환위기였던 1997년 말, 143만 명 수준이었던 신용불량자가 2004년에는 361만 명까지 급증했다. 피해는 카드사에게도 돌아갔다. 카드 사용자가 카드대금을 갚지 못하자 카드사도 자금사정이 악화된 것이다. 카드 가맹점에서는 사정이 어려운 카드회사의 결제를 거부하기 시작했다. 당시 국민카드, 우리카드 등은 모 은행과 합병하며 위기를 모면했고, LG카드와 삼성카드 같은 대기업집단에 속한 회사는 자체 증자를 통해 해결했다. 반면 외환카드는 외환은행이 카드사의 부실을 감당하기 어려운 상태였기에 결국 말도 많고 탈도 많았던 론스타에 매각되었다.

카드대란으로 불리는 일련의 사건으로 2002년 한 해에만 증시가 40% 넘게 하락했다. IMF를 극복한 즐거움도 잠시, 다시 어려움에 처한 것이다. 이는 불법을 포함한 기업의 비윤리적인 경영활동 때문이었다. 단기간의 실적을 위해 상환능력을 제대로 점검하지 않고

비자격자에게까지 무분별하게 카드를 발급하면서 건전하지 못한 방법으로 소비를 조장한 탓이다. 이러한 사례는 미국에서도 발생했다. 전 세계를 금융위기로 몰고 간 서브프라임 모기지 사태가 바로 그것이다. 서브프라임 모기지는 비우량 주택담보대출을 뜻한다. 미국의 주택담보대출은 신용등급에 따라 프라임(우량), 알트에이, 서브프라임(비우량) 등으로 구분된다. 서브프라임은 상대적으로 신용점수가 낮은 사람에게 부여되는 등급이다. 즉 서브프라임 모기지는 신용등급이 좋지 않은 사람들에게 주택담보대출을 해주는 상품이다. 소득이 적어서 집을 구입하기 어려운 사람도 이 대출상품으로 내집을 마련할 수 있게 해주려는 취지로 만들어졌다. 모기지를 취급하는 회사는 재원을 마련하기 위해, 대출 서류를 다양한 금융상품으로 유통했다. 주택대출자에게 주택을 담보로 돈을 빌려주고, 이 채권을 다시 금융회사에 판매하여 대출 재원을 마련한 것이다. 이때 모기지 채권을 구매한 금융회사는 ABS라고 이름 붙여진 자산유동화증권을 발행했고, 이는 펀드로 구성되어 투자자들에게 판매되었다. 주택담보대출을 받은 사람이 상환만 잘하면 큰 문제는 없다. 그러나 연체와 채무불이행이 늘어나면, 주택시장뿐만 아니라 이러한 상품을 취급한 금융시장, 자본시장 등으로 도미노처럼 영향이 파급되는 구조였다. 결과는 어떻게 되었을까?

2007년 미국 주택가격의 거품이 빠지기 시작했다. 집값이 상승하던 시기에는 설사 대출을 갚지 못하더라도 집을 팔아서 대출을 갚으면 그만이었지만, 대출금액 이하로 집값이 떨어지자 돈을 빌려준 금융권 입장에서는 담보인 집을 팔아도 손해를 보는 상황이 되었다. 이러한 부실이 급격히 증가하면서 한때 미국의 4대 투자은행이었던 거대 금융그룹 리먼 브라더스는 2008년 9월 파산을 선언했다. 리먼 브라더스의 파산은 세계 최대 규모였으며 당시 원화로 700조 원에 달했다. 서브프라임 모기지 사태의 핵심은 상환 능력이 없는 무직자와 저소득자에게까지 주택담보대출을 해준 당시 금융권의 모럴헤저드(도덕적 해이)이다. 당시 서브프라임 모기지 담당자가 실적에 눈이 멀어 대출 계약을 위해 뉴욕 맨해튼에 있는 노숙자까지 도시락 싸들고 쫓아다녔다는 우스갯소리가 있을 정도로, 금융권의 도덕성은 땅에 떨어져 있었다.

거버넌스에서 중요한 것이 윤리적 행동이다. 조직의 행동은 정직성, 평등성 및 성실성의 가치를 기반으로 해야 한다. 이 가치는 인간과 동물, 환경에 대한 관심과 이해관계자에게 미치는 영향까지 책임지겠다는 의지를 포함하고 있다. 따라서 한국의 카드대란이나 미국의 서브프라임 모기지 사태와 같은 사건이 발생하지 않도록 조직의 의사결정 및 다른 조직과의 상호작용에서 윤리적 행동을 촉진하는 거버넌스 구조를 개발할 필요가 있다. 또한 조직은 기대하는 윤리적 행동 표준을 정의하고 직원, 협력업체, 고객, 지역사회와 의사소통을 해야 한다. 조직 전체에 걸쳐 비윤리적 행동으로 이어지는 이해관계 상충을 방지하고, 혹시라도 비윤리적인 문제가 생겼을 경우에는 적극적으로 해결해야 한다. 이를 위해 조직 전반에 걸친 윤리적 행동 모니터링이 필요하다. 그리고 보복의 두려움 없이 비윤리적 행동을 신고할 수 있는 프로세스도 만들어야 한다. 모든 조직은 윤리적이며 정의로움을 기반으로 한 거버넌스를 구축할 필요가 있다. 만약 윤리적이지 못한 행동을 하거나 또는 지시를 하거나, 모른 척하는 경영진이 있다면 ESG 경영과는 거리가 먼 조직이 분명하다.

고민이 필요 없는
1순위 '법치 존중'

　'Back to Basics(기본으로 돌아가라)'라는 이야기가 있다. 어느 것이든 기본에 충실해야 함을 강조하는 말이다. 조직이 지속가능경영을 위해 반드시 지켜야 하는 기본은 무엇일까? 기업의 기본은 법과 규범부터 지키는 것이다. ESG 경영을 한다고 하면서 법이나 규정을 지키지 않는다면 이는 지속가능경영의 첫 단추부터 제대로 끼우지 못한 것이다. 'CSR 피라미드' 개념을 제시한 캐롤 박사는 기업의 사회적 책임으로 '경제적 책임' '법적 책임' '윤리적 책임' '자선적 책임'을 강조했다. 네 가지 책임 중 가장 명확한 것이 법적 책임이다. 그 외 세 가지는 기업에 따라, 판단하는 사람에 따라 다르게 적용하고 해석할 수 있으나, 법적 책임은 기업이 자의적으로 판단하는 것이 아니라 사회적으로 합의된 기준이 정해져 있기 때문이다. 어느 조직이 사회적으로 책임을 다하기 위해서는 가장 명확한 것부터 잘 지켜야 한다. 이미 법이나 규범으로 명확하게 정해놓은 것조차 지키지 않으면서 모호한 다른 것을 잘 지킬 수 있는가?

2014년 글로벌 제약회사인 GSK(글락소스미스클라인)는 중국 정부와 국민들에게 사과 성명을 발표했다. GSK가 중국 내 병원과 의사 개인에게 제품 사용 및 판촉에 대한 대가로 뇌물과 사례금을 지급했기 때문이다. 당시 중국은 반부패 척결을 위해 강한 정책을 시행 중이었기에, GSK와 경영진에게 벌금 4억 9,000만 달러(약 5,600억 원)를 부과하는 강력한 처벌을 내렸다. GSK의 이러한 위법 행위는 의료시장뿐 아니라 타 산업군에서도 널리 퍼져 있는 문제였을 것이다. 하지만 의료 및 제약 업계는 특히나 이러한 조직적인 뇌물 관행이 자리를 잡을 수 있는 좋은 환경이었다. 당시 세계보건기구(WHO)는 전체 의료비 중 뇌물 등 불법으로 사용된 평균비용이 7.29%에 달한다고 추정할 정도로 의료 및 제약 업계의 반부패 관행은 심각했다. 급속한 인구 고령화와 장기 요양 비용 증가에 따라 의료시장은 더 커질 것이고, 이와 같은 불법적인 관행은 불행히도 계속해서 증가할 것으로 판단했다. 그러면 어떻게 기업이 법을 준수하며 부패하지 못하도록 할 수 있을까? ISO 26000은 각 조직이 법을 존중하는 것이 의무라는 것을 받아들여야 한다고 설명한다. 그리고 ISO 37001(부패 방지 경영관리시스템)과 ISO 37301(컴플라이언스 경영관리시스템)을 통해 부패를 예방하고 법을 준수하기 위한 구체적인 프로세스와 방법을 제시하고 있다. ISO 37001은 뇌물수수 방지 정책을 세우고 이에 대한 경영진의 동의와 함께 어떻게 준수할 것인지 구체적인 리더십 구축을 제안한다. 또한 부패 방지 규정을 담당하는 직원을 지정하여 모든 직원과 비즈니스 관계자에게 조직의 반부패 정책을 전달하도록 요구한다. 그리고 조직이 가진 뇌물 및 부패로 인한 위험이 얼마나 큰지 검토하고, 주의의무 차원에서 실사를 수행토록 하여 조직의 윤리 경영 여부를 확인한다. 앞의 GSK 사례를 보자. 만약 GSK가 부패 방지 경영시스템이나 컴플라이언스 경영시스템을 제대로 갖췄다면, 뇌물 스캔들이 확산되어 회사에 막대한 피해를 입히기 전에 뇌물 및 부패의 위험 신호를 감지했을 것이다. 특히 위험평가를 했더라면 실사 절차가 없다는 것을 발견하고 문제 영역에 대해 조직 리더에게 위험을 경고하고 뇌물과 사례금을 주는 의사결정을 하지 않았을 것이다.

2021년 3월, 미국 연방거래위원회(FTC)는 사기성 광고를 통해 피닉스대학교에 입학했을 수 있는 147,000명 이상의 학생에게 총 1억 9,100만 달러(약 2,200억 원)에 달하는 합의금을 지불하라고 결정했다. 5,000만 달러는 현금으로 바로 지급하고, 나머지 1억 4,100만 달러는 학생들이 학교에 내야 하는 금액을 탕감해주는 식이었다. 피닉스대학교가 우수한 학생을 유치하기 위해 AT&T, 야

후, 마이크로소프트, 트위터 및 미국 적십자사 등과 협력체라는 점과 그곳의 채용 기회를 허위로 광고했다며 소송당했다. 연방거래위원회는 피닉스대학교의 온라인 광고가 해당 유수 회사와 협력했다는 잘못된 인상을 주었다고 판단했다. 그래서 기만적이고 사기성을 띤 광고에 노출되었을 가능성이 있는 피해 학생들에게 합의금을 주도록 결정한 것이다. 우리 기업의 광고와 마케팅은 어떤가? 허위·과장 광고로부터 자유로운가? 의도적이든 실수이든 이러한 상황이 생기지 않아야 한다.

경영자들은 기업이 사회에 미칠 수 있는 영향을 분석하고, 부정적인 영향을 최소화하거나 없애는 데 온 힘을 다해야 한다. 명확하게 해야 할 것과 하지 말아야 할 것을 제시하고 있는 법과 규정조차 지키지 못한다면 경영자의 경영 능력을 어떻게 긍정적으로 해석할 수 있을까? 만약 경영자와 이사회가 법을 알면서도 어긴다면 윤리적인 비판을 받아야 하며, 모르고 어긴다면 무능력하다는 비판을 받게 될 것이다. 이런 상황에서 경영진이 선택할 수 있는 답안지는 많지 않다. 법과 규범을 지켜야 한다.

만약 불법행위를 저질러도 부과되는 벌금이나 과징금보다 취할 수 있는 이익이 더 많다면 당신은 어떤 선택을 하겠는가? 고민이 되는가? 지속가능경영을 추구하는 조직이라면 고민할 여지가 하나도 없다. 지속가능경영을 원한다면 '법치주의', 법을 우선으로 지키라고 권하고 있기 때문이다. 법치란 법을 가장 우위에 둔다는 것을 뜻한다. 어떠한 개인이나 조직도 법 위에 있지 않으며 정부 역시 법을 따라야 한다. 법치는 권력의 자의적 행사와 대조되는 개념으로, 조직이 해당하는 모든 법과 규정을 준수해야 함을 의미한다. 조직 내 막강한 권한이 있는 주체라도 자의적으로 법을 어기는 결정을 해서는 안 된다는 것이다. ESG 경영을 선언한 기업이라면 반드시 '법치 존중'의 개념을 의사결정 순서 가장 앞에 두어야 한다. 이렇게 하기 위해서는 조직에 적용되는 법과 규정을 바르게 인식해야 한다. 그리고 준수해야 하는 의무를 조직 내에 알려 실제로 실행하는 단계를 밟아야 한다.

우리는 가끔 이런 이야기를 듣는다. "무단횡단하면 안 된다는 규칙은 알지만, 남들도 다 하잖아요. 바쁠 때나 차가 없을 때는 그냥 건너기도 합니다. 그리고 무단횡단해도 잘 잡지 않고 봐주더라고요". 이처럼 법이나 규정이 제대로 집행되지 않는 경우가 있다. 정부의 행정력 부족일 수도 있고, 상황을 관대하게 봐주는 경향도 있다. 이유가 어떻든 설사 법과 규정이 제대로 집행되지 않더라도 각 조직은 모든 사법권 내의 요구사항을 준수해야 한다. 누가 보든, 보지 않든 지켜야 할 것은 지켜야 하는 것이다. 정의로움은 이런 상황에서 발현된다. 정의롭다는 것은 어떠한 상황에서도 옳음을 선택하는 것이다. 지속가능경영은 조직에 정의로워지라고 요구하는 것임을 다시 한번 기억할 필요가 있다. 정의로워지고 싶은가? 먼저 모든 법과 국제행동규범을 알아보고, 해당 내용을 잘 준수하고 있는지 주기적으로 검토하는 것부터 해보자. 그리고 법과 규범을 시키지 않는 조직에 공모되는 것을 회피하려고 노력해야 한다. 법을 지키는 것은 너무나 당연한 것이지만 저절로 되는 것이 아니며, 쉽다는 것을 의미하지도 않는다. 법을 지키는 것은 끊임없는 자기 노력이 필요하다. 기업 또한 합법과 불법 사이에서 옳은 결정을 하려고 노력해야 한다. 우리 조직은 지속가능경영을 하고 있는가? 조직의 리더십이 법과 규정을 지키고 있는지 확인해보자. 정도가 아닌 편법을 저지르지 않는지 확인해보자.

어떤 대가를 치르더라도
존중해야 할 인권

2005년에 미국 하와이 지방법원에서 한 한국인 기업가가 징역 40년과 배상금 180만 달러를 선고받았다. 이 기업가는 미국령 사모아에서 '대우사'란 의류업체를 운영하며, 베트남 노동자 200여 명을 강제로 가두고 일을 시켰다. 초과근무 수당도 없이 잔업을 강요했고, 쥐가 들끓는 비좁은 막사에서 생활하게 하면서 야간 통행금지 규정까지 있었다. 먹을 것도 제대로 주지 않아 대부분의 노동자가 영양실조와 과로에 시달려야 했다. 근로자들은 마침내 2000년 말 대규모 파업을 했고, 파업을 진압하는 과정에서 수많은 근로자가 부상을 당하고 말았다. 결국 회사는 파산했고, 기업가는 미국 당국에 체포돼 2003년 유죄 평결을 받고, 2005년에 징역형과 배상금을 선고받았다.

2005년 유엔 인권위원회는 유엔 사무총장에게 기업 인권에 대해 검토하는 특별대표를 임명할 것을 권고했다. 당시 유엔 사무총장이었던 코피 아난은 이 권고를 받아들이고 하버드대학교 존러기 교수를 특별대표로 임명해 기업 인권 문제 및 현황을 조사하도록 했다. 3년 후인 2008년, 존 러기 교수는 「보호, 존중, 구제: 기업 인권 프레임워크」 보고서를 제출했고, 다시 3년 후인 2011년에는 「기업과 인권에 관한 이행원칙: 유엔 '보호, 존중, 구제' 프레임워크의 실행」이라는 보고서를 완성했다. 이는 31개의 자세한 원칙과 주석으로 구성이 되어 있는데, 인권이사회의 만장일치로 승인되었다. 이 중 11번째는 기업의 인권 존중 책임에 대한 기본원칙을 설명하고 있는데 다음과 같다. '기업은 인권을 존중해야 한다. 이는 기업이 다른 사람의 인권을 침해하지 말아야 하며, 자신이 개입된 부정적 인권 영향에 대처해야 한다는 것을 의미한다.' 이 원칙은 기업이 어디에서 경영활동을 하든지 기대되는 행동기준이 인권 존중임을 강조한다. 그리고 부정적 인권 영향에 대처하기 위해 그것을 방지하고 완화하는 적절한 조치와 구제 조치를 취하도록 안내한다. 그러면 기업은 인권을 존중하고 있을까?

CHRB(기업 인권벤치마크)는 인권 관련 위험이 높은 산업군에 속한 200개 이상의 글로벌 기업 인권 현황을 평가하고 있다. 인권 관련 고위험 산업분야는 농산물, 의류, 추출물, ICT 제조, 자동차 제조업 등 5개이다. CHRB 조사 결과, 기업의 인권 경영과 관련된 중요한 몇 가지가 확인되었다. 많은 기업이 UNGP(유엔 기업과 인권 이행원칙)의 기본적인 기대치를 충족하고 있었지만, 두 가지 중요한 취약점이 발견된 것이다. 첫 번째는 일부 기업만이 인권을 진지하게 받아들이고 있다는 것이다. 두 번째 문제는 기업의 인권 존중에 대한 약속과 실행이 단절되어 실제 성과로 연결되지 않는다는 것이었다. 5개 산업군 중에서는 자동차 제조업의 인권 관련 점수가 가장 낮았다. 충격적이게도 이 산업군에 속한 기업의 3분의 2가 모든 인권실사 지표에서 0점을 받았다. 이 결과는 UNGP의 이행이 제대로 되고 있지 않다는 것을 의미한다. 이에 대해 176개국의 투자자들은 인권실사 지표에서 1점도 얻지 못한 95개 기업에 서한을 보내며 시급한 개선을 촉구하기도 했다. 앞서 존 러기 교수가 주도한 「기업과 인권에 관한 이행원칙」에서 기업이 인권을 존중하는지를 다음을 통해 확인할 수 있다고 정리했다. 인권을 보호하기 위한 거버넌스와 정책을 보유하고 있는지, 실제로 인권을 존중하는지, 이것을 실사를 통해 확인하는지, 마지막으로 구제 및 고충을 처리하는 메커니즘이 작동되는지 여부를 보면 알 수 있다고 한다.

기업이 인권 존중을 하기 위해서는 먼저 국제인권장전*에 규정된 권리를 존중하고 촉진해야 한다. 그리고 모든 국가·

* 1946년 유엔 창립 당시에 인권위원회가 작성한 인권장전초안, 1948년의 세계인권선언, 1966년에 성립된 국제인권규약으로 구성되어 있다.

어떤 대가를 치르더라도 존중해야 할 인권

문화적 상황에서 인권 존중은 예외 없이 적용되어야 한다. 그런데 몇 년 전 한 대형 유통회사가 도난 예방 차원으로 직원의 가방과 사물함을 검사한 사실이 밝혀지며 사생활 침해 및 인권 유린이라는 비판을 받았다. 이 회사는 비밀번호로 잠그던 사물함을 열쇠 방식의 사물함으로 교체했는데, 가지고 있던 마스터키로 사전 예고없이 직원들의 사물함을 점검할 수 있었던 것이다.

유명 IT 기업의 한 직원이 직장 내 괴롭힘으로 인해 극단적 선택을 한 사건도 있었다. 담당 임원으로부터 모욕적인 언행은 물론 부당한 업무 지시에 시달린 것이 원인이었다. 또 다른 IT 기업에서는 임신부에게 시간 외 근무를 시키며 52시간 근무제를 위반했고, 부당한 대기 발령으로 직원들의 시위가 발생하기도 했다. 한 회사는 직원을 채용하는 입사지원서에 가족의 이름, 생년월일, 직업, 동거 여부를 기재하도록 요구했다가 인권 침해 논란이 일었다. 국가인권위원회는 이미 2003년부터 '지원서 차별항목 개선안'을 발표하며 가족관계, 출신지 등 차별의 여지가 있는 항목을 삭제토록 권고했다. 또한 고용노동부에서 직무와 상관없는 개인정보를 삭제한 표준이력서를 제공하고 있음에도 여전히 채용 시 지원서류에서 불필요한 정보를 요구하는 기업이 많은 상태다. 어느 기업은 민간인 학살을 주도하는 미얀마 군부와 관련된 비즈니스로 인해 비난을 받았고, 모 금융회사는 임직원들의 머리 색상에 대한 간섭과 입냄새까지 조사하여 인권 침해 비판을 받았다.

인권 존중을 하겠다고 약속한 기업은 많지만 이와 같은 사례는 왜 끊이지 않을까? 어떻게 해야 정말 인권이 존중받는 사회가 될 수 있을까? 2030년까지 우리가 약속한 유엔 지속가능발전목표를 달성하려면 어떻게 해야 될까? 기업은 인권을 존중하겠다는 더 강력한 약속을 사회와 할 필요가 있다. 그리고 기업의 인권 존중 관리 시스템은 당초 의도한 효과를 낼 수 있도록 작동되어야 한다. 무엇보다 기업은 어떤 대가를 치르더라도 사람과 지구를 우선시하는 의사결정을 해야 한다.

코리아 디스카운트의 원인,
지배구조

코리아 디스카운트는 다양한 요인으로 대한민국 기업의 주가가 저평가받는 기조를 뜻한다. 일반적으로 주가가 기업의 가치에 비해 저평가되어 있는지를 확인하는 지표로는 주식 가격을 주당순이익으로 나눈 값인 주가순이익비율(PER)이 사용된다. 2019년 기준으로 코스피200의 주가순이익비율은 10.0으로 선진국 평균 17.8보다 낮으며, 중국 13.7은 물론 인도 23.9 보다 훨씬 낮은 상황이다. 코리아 디스카운트의 원인은 무엇일까?

2005년, 삼성경제연구소에서 코리아 디스카운트에 대한 보고서를 펴냈다. 이 보고서는 각국의 주가수익비율(PER)을 분석한 결과, 한국 주식시장이 미국과 일본을 제외한 다른 선진국이나 신흥시장국에 비해 낮지 않다고 밝혔다. 주가가 낮은 이유도 과다한 유상증자로 인해 주당순이익이 15년 전보다 감소했기 때문이라고 했다. '코리아 디스카운트'의 존재를 인정하기 어렵다는 것이다. '신흥 시장' 디스카운트에 대해서도 분석한 결과, 지배구조가 우수한 기업의 주가가 다른 기업에 비해 더 높게 평가 받지 않는 것을 알아내고, 소유권과 지배권의 차이를 나타내는 소유지배 괴리도가 기업의 시장가치에 영향을 미치는 증거를 찾지 못했다고 했다. 코리아 디스카운트가 실제로 존재하더라도 지배구조와는 상관관계가 없다고 보여진다는 것이다.

십수 년이 지난 지금은 가장 큰 요인으로 한국기업의 지배구조와 경영 투명성이 지목되고 있다. 한국은 IMF를 겪으며 회계 기준을 개정하고 사외이사 제도와 감사위원회를 도입했으며, 분식회계* 척결 등을 위한 여러 제도를 개선했다. 그러나 외국 평가기관은 아직도 대한민국 기업의 지배구조와 경영 투명성에 대한 의심의 시선을 거두지 않고 있다. 2017년《톰슨 로이터》는 한국 재벌의 거버넌스 문화를 바꿔 코리아 디스카운트를 축소해야 한다는 기사를 실었다. 전문가들은 재벌로 알려진 한국의 대기업이 주식시장에서 가장 낮은 배당금을 지급하거나 불투명한 지배구조로 인해 주식시장에서 소위 코리아 디스카운트를 야기한다고 말했다. 그러면서 스튜어드십 코드를 적극 추진하면 투자자가 더 나은 지배구조와 주주 수익을

* 기업이 부당한 방법으로 자산이나 이익을 부풀려 계산하는 회계를 말한다.

위해 움직임으로써 시장의 구조적 부양을 제공할 수 있다고 제언했다. 높은 상속세와 증여세, 그리고 배당소득의 종합과세 또한 후진적인 기업 지배구조를 만드는 데 한몫했다는 평가도 있다. 현행 금융소득종합과세 제도에 따라 금융소득이 2,000만 원이 넘으면 금융소득 중 2,000만 원 초과분은 종합소득에 합산되어 최대 45%의 세금을 내야 한다. 상속세도 OECD 국가 중 최고 수준인 최대 60%에 달하다 보니 상속을 하려는 대주주들은 원활한 경영권 승계를 위해 주가가 낮아지기를 바라며 배당을 적게 하고 일감 몰아주기를 선택하게 된다는 것이다. 실제 2011년부터 2017년까지 MSCI 인덱스에 포함된 기업의 평균 배당금분배율을 보면 미국 기업들은 배당 40%, 바이백 57%로 연 순이익의 총 97%를 돌려주는 반면, 한국기업은 17%만이 지급된 것을 확인할 수 있다. 이렇듯이 한국기업의 대차대조표에는 재투자 또는 배당되지 않은 현금이나 유휴자산이 많을 수밖에 없다. 당신이 투자자라면 어느 기업에 투자할 것인가? 투자의 목적을 생각하면 답은 간단하다. 이러한 원인을 해결하지 않는 이상 해외 투자자는 물론 국내 투자자 역시 수익성이 높은 해외 주식을 선택할 것이다. 경쟁력 떨어지는 국내 주식을 보유할 이유가 없기 때문이다. 이렇게 코리아 디스카운트가 생기게 된다. 미국의 자산운용사인 달톤 인베스트먼트Dalton Investment는 코리아 디스카운트의 주요 원인으로 한국 재벌의 경영문화를 지목했다. 한국의 재벌은 기업을 가문의 개인 자산으로 보는 인식이 강하다 보니, 주주를 포함한 이해관계자의 이익보다는 재벌 본인들의 이익 위주로 회사를 경영하는 경우가 많다는 것이다.

'Chaebol'이라는 영어단어를 본 적이 있는가? 권위 있는 사전 중 하나인 옥스퍼드 영어사전에도 등재된 이 표현은 한국의 대기업 중 '재벌'을 의미하는 것으로, 한국어 발음 그대로 옮겨 적은 단어이다. 이미 대기업이나 재벌을 의미하는 영어단어가 있지만, 한국의 재벌 경영은 조금 다른 특성을 갖기 때문에 별도의 명사 형태로 명명되었다. 재벌은 거대 자본을 가진 총수나 가족으로 이루어진 혈연적 기업집단을 뜻하며 공정거래법에서는 '대규모 기업집단'이라고 간접적으로 표현하기도 한다. 이처럼 재벌이라는 단어 자체는 선하거나 악한 뜻을 담지 않은 중립적인 의미이다. 하지만 한국에서 재벌의 이미지는 노블레스 오블리주와 비교되며 부정적인 의미로 사용되기도 한다. 프랑스어인 '노블레스 오블리주'는 높은 사회적 신분에 상응하는 도덕적 의무를 뜻한다. 초기 로마 사회에서는 사회 고위층의 공공 봉사와 기부, 헌납 등의 전통이 강했다. 이러한 행위는 의무인 동시에 명예로 인식되면서 자발적이고 경쟁적이기까지 했다. 로마 건국 이후 로마의 입법 및 자문기관의 역할을 한 원로원에서 귀족이 차지하는 비중이 급격히 줄어든 일도 있었다. 귀족층이 솔선수범하여 전투에 참여하고 희생을 자처한 탓이라는 이야기로 잘 알려져 있다.

거버넌스가 실제 효과를 내기 위해서는 리더십이 중요하다. 이는 조직이 사회적 책임을 실행할 때뿐만 아니라, 사회적 책임을 조직의 문화로 통합할 때도 중요하다. 그리고 근로자의 동기부여에도 큰 영향을 미친다. 기업의 대표이사가 ESG 경영을 하겠다고 선언했는데 실제로는 환경과 사회에 매우 부정적인 영향을 미치는 의사결정을 한다든지, 이익을 위해 편법과 불법을 눈감는다고 치자. 직원들은 이러한 경영진을 신뢰할 수 없다. 이러한 경영진이 무슨 이야기를 하든 직원들은 순수하게 받아들이지 않을 뿐 아니라, 동기부여를 받기도 어려워진다. 그린 워싱, ESG 워싱이라는 단어는 거기서부터 시작된다.

그러면 건강한 거버넌스란 어떠해야 할까? 먼저 조직의 사회적 책임과 지속가능경영에 대한 조직의 의지를 담은 전략과 목표를 세워야 한다. 둘째, 책임자의 의무와 설명책임이 무엇인지 밝혀야 한다. 셋째, 지속가능한 발전을 위한 기업 환경과 문화를 조성하며 전문가를 육성하고 모든 직원이 사회적 책임 활동에 효과적으로 참석하도록 격려해야 한다. 넷째, 지속가능한 활동에 대한 경제적, 비경제적 인센티브를 조성해야 한다. 다섯째, 조직의 의사결정은 금융지원, 천연 자원, 인적 자원을 효율적으로 사용하도록 해야 한다. 여섯째, 신체·문화적 특징에 따른 사회적 소수자가 조직의 고위직을 맡을 수 있는 공정한 기회를 촉진해야 한다. 일곱째, 현재뿐 아니라 미래세대를 고려한 균형있는 이해관계자 간의 필요를 채우는 결정을 해야 한다. 그리고 조직의 의사결정이 사회에서 책임 있는 방법으로 이루어진다는 것을 보장하고, 이러한 의사결정의 영향과 결과에 대한 설명책임을 다해야 한다. 조직이 이와 같은 프로세스를 잘 실천한다면 더 이상 코리아 디스카운트가 아니라 코리아 프리미엄으로 유명해질 날이 곧 올 것이다.

스튜어드십 코드에 대해

2019년 3월 27일, 대한항공의 제57기 정기주주총회가 열렸다. 이 날 고 조양호 한진그룹 회장의 대한항공 사내이사 재선임안이 찬성 64, 반대 36으로 주주의 3분의 2 이상 동의를 받지 못해 부결되었다. 이 결과에 결정적인 역할을 한 것은 대한항공의 2대 주주인 국민연금이었다. 국민연금은 스튜어드십 코드 도입 원년으로 원칙에 따라 결정한 것이라고 말했다.

스튜어드십 코드는 기관투자자가 투자하는 회사의 주주로서 행동해야 하는 방식에 대한 일련의 원칙이다. 2009년 영국 정부는 「영국은행과 기타 금융기관의 지배구조에 관한 검토」라는 일명 '워커 보고서'를 발표했다. 이를 기반으로 2010년 7월 영국 재무보고위원회(FRC)는 처음으로 스튜어드십 코드를 채택했다. 이후 일본을 비롯한 많은 국가에서 자체 스튜어드십 코드를 만들어 사용하고 있다. 국가마다 내용은 차이가 있지만, 일반적으로 기관투자자가 주주로서의 권리를 행사하여 피투자기업에 보다 적극적으로 참여할 것을 촉구하는 강제성이 없는 '준수 또는 설명 규칙'이다. 많은 투자기관이 스튜어드십 코드를 도입하는 이유는 지속가능한 투자를 통해 지속가능한 비즈니스 관행을 정착시키기기 위함이다. 스튜어드십 코드는 수탁자가 자신의 이익을 포기하고 수혜자의 이익을 위해 행동하도록 강요하는 수탁자의 의무 논리를 전제로 한다. 가장 먼저 스튜어드십 코드를 채택한 영국의 '2012 UK CODE의 원칙'은 '최종 수혜자에게 발생하는 가치를 보호하고 향상시키기 위해'라는 문구로 시작한다.

한국의 스튜어드십 코드는 2014년 11월에 금융위원회가 처음 도입 계획을 밝힌 후 2015년 업무계획에 반영하면서 시작되었다. 초기에는 정부가 도입을 했지만 이후 민간기구인 한국기업지배구조원으로 넘겼다. 결국 한국기업지배구조원은 2016년 12월 다양한 전문가와 함께 스튜어드십 코드를 제정했다. 국민연금은 2018년 7월에 이 코드를 도입하여 투자기업의 주주 가치 제고 및 대주주의 전횡을 막기 위해 적극적으로 주주권을 행사키로 했다. 한국의 스튜어드십 코드 7대 원칙은 다음과 같다.

한국 스튜어드십 코드 7대 원칙

1 기관투자자는 고객, 수익자 등 타인의 자산을 관리·운영하는 수탁자로서 책임을 충실히 이행하기 위한 명확한 정책을 마련해 공개해야 한다.

2 기관투자자는 수탁자로서 책임을 이행하는 과정에서 실제 직면하거나 직면할 가능성이 있는 이해상충 문제를 어떻게 해결할지에 관해 효과적이고 명확한 정책을 마련해 내용을 공개해야 한다.

3 기관투자자는 투자대상회사의 중장기적인 가치를 제고하여 투자자산의 가치를 보존하고 높일 수 있도록 투자대상회사를 주기적으로 점검해야 한다.

4 기관투자자는 투자대상회사와의 공감대 형성을 지향하되, 필요한 경우 수탁자 책임 이행을 위한 활동 전개 시기와 절차, 방법에 관한 내부지침을 마련해야 한다.

5 기관투자자는 충실한 의결권 행사를 위한 지침·절차·세부기준을 포함한 의결권 정책을 마련해 공개해야 하며, 의결권 행사의 적정성을 파악할 수 있도록 의결권 행사의 구체적인 내용과 그 사유를 함께 공개해야 한다.

6 기관투자자는 의결권 행사와 수탁자 책임 이행 활동에 관해 고객과 수익자에게 주기적으로 보고해야 한다.

7 기관투자자는 수탁자 책임의 적극적이고 효과적인 이행을 위해 필요한 역량과 전문성을 갖추어야 한다.

출처: 한국기업지배구조원

기관투자자가 스튜어드십 코드를 지지하는 이유는 지속가능한 투자를 통해 수탁자의 책임을 다하고 고객과 수익자를 보호하기 위함이다. 코드를 도입한 투자자는 지속가능한 비즈니스 관행을 가진 회사가 경쟁 우위를 갖고 있으며 장기적으로 더 성공적이라고 확신한다. 한국은 2016년 스튜어드십 코드가 도입된 이후 매년 참여하는 기관투자자는 증가했지만, 2019년에 의결권 행사 건수(24,475건)와 반대비율(5.4%)은 정점을 찍은 후 감소하고 있다. (반대비율이 높고 낮음은 무조건 좋다, 나쁘다로 판단할 수는 없다) ESG가 중요해지면서 스튜어드십 코드에 가입하는 것을 넘어 실질적인 활동이 증가할 것으로 예상했지만 그렇지 않은 것이다. 실제 기관투자자가 의결권에 참여하려면 많은 사전 준비가 필요하다. 기업에 큰 영향을 미칠 수 있는 중요한 의사결정을 대충할 수 없지 않은가? ESG가 주목받기 전에는 다양한 근거와 이유로 찬성이든 반대든 의견을 제시할 수 있었으나, 구체적인 ESG의 항목과 지표가 사용되면서 기관투자자 입장에서는 더 세밀한 검증이 필요하게 되었다. 찬성 또는 반대하는 이유가 조직의 지속가능성과 ESG의 주요 내용에 부합하는 것인지 확인할 필요가 있게 된 것이다. 하지만 앞으로 국내외 투자자들의 의결권 참여에 대한 경험과 사례가 쌓이고, 판단 근거가 명확해지면 스튜어드십 코드에 기반한 행동주의 주주들의 참여는 증가할 것으로 보인다.

앞으로는 외부로부터 투자를 받거나, 주식이 상장되어 있는 경우에는 스튜어드십 코드로부터 자유로울 수 없다. 따라서 기업은 이러한 투자자의 요구에 투명하게 대응하고 환경과 사회에 긍정적인 영향을 미치는 노력을 게을리해서는 안될 것이다.

주주, 이사회 그리고 감사의 역할

기업의 거버넌스를 이야기할 때 주주, 이사회, 감사가 빠지지 않고 항상 등장하는 이유가 있다. 이들이 기업의 행위를 결정하는 주체이자 감시부터 견제와 독려, 책임까지 져야 하는 주체이기 때문이다. 일반적으로 대규모 주식회사는 소유와 경영이 분리되어 있다. 주식을 소유하고 있는 주주는 주주총회에서 이사를 선출한다. 선출된 이사로 구성된 이사회에서는 기업의 경영자를 선임한다. 그리고 감사는 이사의 직무와 집행에 대해 감사하게 된다. 이처럼 일반적인 법인형태의 주식회사는 주주와 이사회, 그리고 감사의 역할과 책임에 따라 작동이 되고 있는 것이다.

주주란 소유 구조를 파악할 때 매우 중요한 당사자가 된다. 주주의 위치에 따라 기업 내부 주주와 외부 주주로 나뉘며, 주식 소유율에 따라 대주주와 소주주로 구분할 수 있다. 상장된 주식회사는 불특정 다수를 대상으로 주식을 발행하여 자금을 조달한다. 투자자는 주식을 사고팖으로써 소유권을 취득, 이전할 수 있고 자금을 회전하게 된다. 주식회사는 주주의 수도 많고, 주주의 구성도 계속 바뀌게 된다. 이러한 복잡성을 줄이고 일관성을 갖기 위해 회사의 실질적인 주인인 주주와 별개로 회사에 법인격을 부여한다. 그래서 법인 자체적으로도 기업활동을 할 수 있는 권리와 의무를 지게 한다. '상법'상 주주가 되려면 주주명부에 이름을 올려야 한다. 또는 '자본시장법'에 따라 발행회사나 한국예탁결제원의 실질주주명세에 의거해 주주로 인정받게 된다. 주주가 되면 주주권을 갖게 된다. 주주권은 이익에 대한 배당을 청구할 수 있는 권리와 잔여 재산에 대한 분배를 청구할 수 있는 권한 등을 말한다. 주주 본인의 이익실현을 위한 자익권과 회사 운영에 참여할 목적으로 권리를 행사하는 공익권을 포함하는 것이다.

소유와 경영이 분리되는 지점에서 생기는 문제가 있다. 일명 대리인 이론, 대리인 문제*다. 이것은 주주와 이사 및 경영진의 관계에서 시작된다. 이사와 경영진은 주주를 대신해서 기업 경영을 하는 대리인이다. 대리인이 주인의 마음처럼 제대로 업무를

> * 1976년 젠센과 맥클링에 의해 제기된 이론으로, 한 개인 또는 집단이 자신(주주)의 이해에 직결되는 의사결정 과정을 대리인(경영진)에게 위임하는 과정에서 정보의 불균형, 감시의 불완전성 등으로 역선택, 도덕적인 위험이 존재하게 되는 문제를 의미한다.

수행한다면 아무 문제가 없겠지만 현실에서는 문제가 많이 발생한다. 미국 기업인 엔론의 회계부정 사건이 이에 해당하고, 한국의 공사 직원들이 내부정보를 활용해 사익을 취한 투기 스캔들이 대표적인 예다. 대리인 문제로 인해 발생하는 대리인 비용은 주주와 경영진 간에 발생하지만, 한국의 경우 대주주와 소주주 사이에도 발생하는 것으로 알려져 있다.

이사회는 '회사의 업무 집행에 관한 의사결정을 위해 이사 전원으로 구성되는 주식회사의 상설기관'이라고 상법에 명시되어 있다. 앞서 설명한 것처럼 주주는 본인들을 대신하여 회사를 운영할 전문 경영인을 선임한다. 그리고 주주의 입장에서 회사를 제대로 경영하는지 감독하기 위해 이사회를 구성하고 이사회를 통해 최고경영자를 견제하게 된다. 즉 이사회는 주주를 대신해 대리인인 최고경영자를 감시, 감독하는 역할을 하며 동시에 중대 의사결정 시 전문적 역량을 제공하게 된다. 삼성전자의 경우 회사 정관상 이사회는 3인 이상 14인 이하로 구성한다고 적시하고 있다. 상법상으로 보면 이사회는 3인 이상의 이사로 구성되어야 하며(제383조), 사외이사는 이사 총수의 과반수로 구성하도록 규정(제542조)하고 있지만 삼성전자는 회사의 규모와 효율성 등을 고려하여 최대 14인까지 두겠다고 정한 것이다. 그

* 삼성전자 위원회: 경영위원회, 감사위원회, 보상위원회, 거버넌스위원회(지속가능경영위원회), 사외이사 후보추천위원회, 내부거래위원회 이상 6개 (2021년 기준)

주주, 이사회 그리고 감사의 역할

리고 이사회 산하에 6개의 위원회*를 두어 이사들의 전문성을 활용해 각 영역별로 회사 의사결정에 도움을 받고자 했다. 이때 주목할 만한 것이 사외이사이다. 1980년대 이후 우리나라의 경제규모가 커지고 기업들의 해외진출이 활발해졌다. 그렇게 해외 투자자의 자본이 유입되면서 한 기업에 대한 지배구조 개혁 요구가 수면 위로 올라왔다. 이에 1995년부터 개혁의 한 가지 요소로 사외이사 제도가 논의되었다. 그리고 1996년 현대종합상사를 시작으로 1997년에는 포스코가 사외이사 제도를 도입했다. 1997년 말 외환위기를 겪으며, 1999년에 증권거래법을 개정하는 등 사외이사 제도는 한국에 빠르게 도입되었다.

ESG 경영 관점에서도 이사회는 매우 중요하다. 이사회가 제대로 역할을 하기 위해 독립성은 물론 활동성, 전문성, 다양성 등이 확보되어야 하며 이사의 보수에 대한 적정성도 함께 고려하도록 요구하고 있다.

감사는 주로 업무와 회계를 감사하는 역할이다. 상법에 따르면 감사와 동일한 역할을 하되 회사의 규모가 크다면 감사위원회를 두기도 해야 한다. 감사의 일반적인 직무는 이사의 업무를 감사하는 것이다. 그리고 회사 내부 통제 제도의 적정성을 유지하기 위한 개선점을 찾거나, 감사 결과 지적사항에 대한 조치 내용을 확인한다. 회계부정에 대한 내부신고가 있을 경우 조치하는 역할도 한다. 감

사의 주된 업무는 경영자를 포함한 회사 전반
의 활동을 모니터링하는 것인데, 감사의 견제
역할이 너무 과도해도 너무 부족해도 문제가

* 법률 제17298호, 일부개
정 2020년 5월 19일, 시행
2021년 5월 20일.

되기 때문에 합리적인 역할의 범위를 정하는 것이 중요하다. 감사
는 견제하는 역할만 하는 것이 아니라 책임도 따른다. 흔히 외감법
이라고 부르는 '주식회사 등의 외부감사에 관한 법률*'은 감사의 역
할과 책임을 강하게 묻는 방향으로 개정되고 있다. 이 법률에 따르
면 감사보고서에 작성해야 할 사항을 누락하거나 거짓으로 기재한
경우 10년 이하의 징역 또는 그 위반행위로 얻은 이익 또는 회피한
손실액의 2배 이상 5배 이하의 벌금에 처하게 된다. 또한 감사 직무
에 관하여 부정한 청탁을 받는 대가로 금품이나 이익을 수수하거나
요구 또는 약속한 경우에도 5년 이하의 징역 또는 5천만 원 이하의
벌금에 처한다. 이렇게 강한 벌칙이 적용되는 이유는 간단하다. 그
동안 외부감사 부실로 인해 많은 사람이 피해를 보았기 때문이다.
한 회계법인은 부실감사로 인해 발생한 STX조선(현 케이조선) 주
주에게 피해액의 60%인 49억여 원을 STX그룹의 이전 회장과 연대
해 배상하라는 판결을 받았다. 또 다른 회계법인은 포휴먼 소액주
주에게 141억 원, 옛 신텍 주주에게 47억 원 등을 배상해야 했다. 이
외에도 대우전자, 대우조선해양, 경남기업, 대양글로벌 등의 감사
를 맡았던 법인에 대한 소송도 찾아볼 수 있다. 이 중 감사보고서를
거짓으로 작성한 혐의 등으로 기소돼 실형이 확정된 사례와 지방의

한 저축은행의 분식회계를 눈감아 준 회계사 2명이 징역 1년을 선고받는 사례는 이미 잘 알려져 있기도 하다.

이처럼 회사는 주주와 이사회와 감사의 적절한 견제, 활동, 책임이라는 메커니즘으로 움직인다. 이 메커니즘에 따라 기업은 경영활동을 결정하고 실행하게 되는데, 우리는 이것을 거버넌스라고 부른다. 지금까지 거버넌스는 기업의 재무적인 성과를 극대화하기 위해 최적화되어 있었다. 하지만 환경과 사회를 고려해야 하는 새로운 자본주의 시대에서는 새로운 거버넌스가 요구된다. 거버넌스가 조직 의사결정의 첫 시작이라는 것을 모두가 알게 된 이상, 기업이 사회나 환경에 부정적인 영향을 미치거나 이 영향으로 기업의 가치가 훼손되면 이는 거버넌스의 오작동 때문임을 알 것이다. 그리고 투자자를 포함한 사회는 주주와 이사회와 감사 모두에게 이 책임을 물을 것이다. 거버넌스, 권한뿐만 아니라 책임까지 져야 함을 다시 한번 기억할 필요가 있다.

5장

정의로운
경영자와 투자자

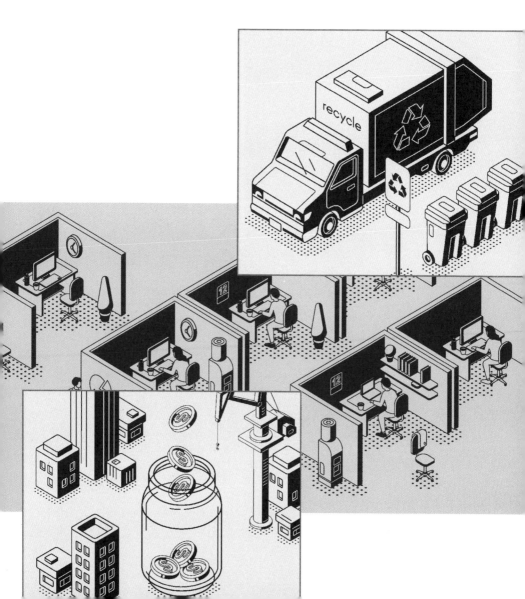

ESG 파라독스를 극복한 기업에 투자하라

지금까지 우리는 지속가능한 발전이라는 전 세계적 목적을 달성하기 위해 기업과 투자자가 어떻게 노력하고 있는지 살펴보았다. 이들이 하나같이 지속가능경영과 ESG 경영을 강조하는 이유는 무엇일까? 여러 답변 중에 공통적인 부분은 ESG가 투자 관점에서 봐도 장기적으로 유리하고, 환경보호에 대한 노력과 사회에 대한 관심, 건강한 지배구조가 기업의 지속가능한 성장에 필수조건으로서 회사의 존망을 결정하기 때문이라는 것이다. 그러면 ESG 경영이 기업에게 실제로 도움이 될까? UN PRI 헤지펀드 자문그룹의 멤버이자 HMCHarvard Management Company의 컴플라이언스 및 지속가능한 투자부문 책임자로서 ESG 관련 연구를 하고 있는 마이클 카푸치는 투자기관이 ESG를 고려하여 투자하면 투자수익률이 오히려 나빠

진다는 ESG의 역설, 즉 'ESG 파라독스'를 조심하라고 강조했다.[*]

[*] Michael Cappucci(2018), "The ESG integration paradox", Journal of Applied Corporate Finance. 2018(Aug), Vol30(2), pp.22-28

ESG 파라독스는 왜 생기는 걸까? 마이클 카푸치의 연구에 따르면, 투자기관에게 ESG 투자원칙이 있는지 질문하면 대부분의 투자기관은 ESG를 중요하게 생각하고 있으며 내부에 서면으로 된 ESG 정책을 가지고 있다고 대답한다고 밝혔다. 그러나 이것은 신뢰할 수 있는 지표가 아니라고 단언한다. 말로는 기업내부 투자원칙에 ESG를 통합하여 투자한다고 말하지만 실제로는 그렇지 않다는 것이다. 마이클 카푸치는 이처럼 말로만 ESG를 강조하는 투자기관에게는 ESG 요소를 투자원칙에 통합하지 말 것을 권한다. 왜냐하면 ESG를 고려한 투자는 장기적이고 측정하기 어려운 데 반해, 이를 분석하고 통합하려는 노력에는 즉각적이고 실제적인 비용이 투입되기 때문이다. 또한 ESG를 고려한 투자는 잠재적인 투자처의 다각화를 제약하는 요인이 되며, 최악의 경우 투자 프로세스를 늦추고 적극적인 투자 행위를 방해하거나 투자적격 심사 시 혼란을 야기할 수 있다. 그래서 오히려 ESG와 관련한 비용을 부담하지 않고 전통적인 방식으로 투자한 경쟁조직에 비해, 더 많은 비용과 시간을 쏟고도 실제로 재무적 이익은 얻을 수 없는 ESG의 파라독스가 생겨나는 것이다.

투자 원칙과 기업 경영에 ESG를 내재화하기 어려운 이유는 무엇일까? 하버드 경영대학원 조지 세라페임 교수는 ▲비교가능한 기업 부족(44.8%), ▲ESG 측정표준 부재(43.2%), ▲비용(40.5%), ▲ESG 데이터의 유용성(39.4%), ▲정량화 부족(37.8%), ▲시간에 따른 비교 가능성 부족(34.8 %) 등이 가장 큰 장애요인이라고 분석했다. 그럼에도 ESG를 고려한 투자 원칙과 기업 경영을 도입하면 초반에는 J자 커브와 같이 투자 수입보다 비용이 더 큰 죽음의 계곡을 지나게 될 것이다. 하지만 그 이후 ESG가 제대로 통합되고 정착되면 점차 비용과 수익이 수평이 되다가 마침내 수익이 더 크게 나는 상승구간에 접어들 수 있다.

  그러면 우리는 어느 기업에 투자해야 할까? 마이클 카푸치는 명료하게 결론을 제시하고 있다. ESG 경영을 시작하거나 잘하겠다고 이야기하는 기업이 아닌, 이미 ESG 경영이 정착되어 비용보다 수익이 더 큰 상승구간에 있는 기업을 찾으라고 말이다. 그 기업들은 ESG 경영을 도입한 후 초기단계의 고통에서 살아남은 자들로, 앞으로는 재무적인 성과와 비재무적인 성과 모두를 창출할 수 있는 기업일 가능성이 높기 때문이다.

  ESG 경영의 초기 단계이거나 흉내만 내는 기업은 ESG로 인해 얻는 것보다 잃는 것이 더 크다. 따라서 ESG 경영을 하겠다는 약속이 얼마나 엄중한 것인지 알지 못하는 기업에 투자했다가는 ESG의 배

신에 눈물을 흘리지도 모른다. ESG 경영을 한다는 의미는 기후변화 예방을 위해 많은 돈이 들더라도 온실가스를 획기적으로 줄이는 것이고, 임직원들을 중대재해로부터 철저하게 보호하며, 갑질 대신 협력업체와 상생할 수 있는 최선의 노력을 다하는 것을 의미한다. 또한 거수기로 폄하되었던 이사회를 제대로 운영하고, 이사회 구성원의 다양성과 전문성을 확보하는 것이다. 그리고 주요 의사결정이 투명하게 이루어졌는지, 경영진과 사원의 급여 차이는 어떤지 공개해야 한다. 법을 위반한 사례에 대해 대책을 세우고 재발을 방지해야 한다. 무엇보다 이러한 약속을 이행하지 않았을 경우에는 책임을 지겠다는 중차대한 의미를 지닌다. ESG 선언을 하고, ESG를 강조하는 경영진은 이러한 이행의 범위뿐만 아니라 책임까지도 인지하고 발언하는 것일까? 무슨 말을 하고 있는지 알고 약속하는 것일까?

ESG 경영을 하겠다고 선언하는 것은 신중할 필요가 있다. 이제는 ESG 경영을 도입하고 실행해서 이미 죽음의 계곡을 지났음을 증명하는 기업, 즉 ESG 파라독스를 극복한 기업임을 선언하는 것이 더 중요하다. 투자자 또한 이러한 기업에 투자하는 것이 유리할 것이다. 앞으로 ESG 경영을 잘 하겠다고 홍보하는 기업의 기사가 아닌, ESG 파라독스를 극복하고 재무적인 성과와 함께 환경과 사회를 정의롭게 만드는 사례를 볼 수 있기를 희망한다.

아는 것과
제대로 아는 것은 다르다

우리는 우리가 사는 터전인 지구와 사회의 지속가능성을 위해 무엇을 하고 있는가? 그리고 기업이 지속가능하도록 어떤 노력을 하고 있나? 온실가스와 유독성 화학물질 사용을 줄이고, 사회의 다양성을 존중하고 지역사회의 문제를 해결하는 활동들을 한다. 그리고 법을 지키려는 노력과 윤리적인 의사결정을 한다. 이러한 것 중 비재무적인 요소를 묶어서 ESG 경영이라고 한다. 그런데 이름만 ESG 경영이지 가만히 보면 새로운 것이 아니다. 일부는 예전부터도 하던 일들이었다. 어쩌면 너무나 당연해서 그동안 관심을 갖지 않았을 것이다. 관심이 없다 보니 문제인지도 모르다가 쌓이고 쌓여 하나 둘씩 터지자, 마치 ESG가 고장난 자본주의를 고칠 수 있는 구세주인 것마냥 등장했다. 훗날 환경과 사회가 더 이상 지속가능하기 어려운 상태가 되었을 때, ESG를 핑계대는 무리가 생기는 것은 아닌지 우려스러울 뿐이다. 다시 한번 강조하지만 ESG를 한다고 지속가능성이 확보되는 게 아니다. ESG는 지속가능성을 확인할 수 있는 일부 지표일 뿐이며 최소한의 노력이다. 이러한 사실을 제대로 알고 움직여야 한다. 알지 못하면 관리할 수 없고 그에 대한 성과도 제대로 파악할 수 없다.

환경적 측면에서 예를 들어 보자. 2050년 탄소중립 실현을 위해 온실가스를 줄이겠다고 선언한 공공 및 민간기업 담당자에게 온실가스 종류가 어떤 것이 있는지 물어보면 이산화탄소 외에는 잘 알지 못한다. 그러면서 온실가스를 줄이겠다고 말한다. 온실가스를 감축하기 위한 구체적인 목표를 세웠던 「교토의정서」는 다음 6가지를 온실가스로 규정했다. 대표적인 이산화탄소와 메탄을 비롯해 아산화질소, 수소불화탄소, 과불화탄소, 육불화항이 해당된다. 이 중 가장 많은 부피를 차지하는 이산화탄소가 온실가스의 주범으로 지목되고 있는데, 한 가지 더 고려해야 할 것이 있다. 바로 GWP Global Warming Potential라고 불리는 '지구온난화지수'이다. 이는 이산화탄소를 1로 볼 때 다른 기체의 온실가스 기여 정도를 표준화한 것이다. 육불화황의 GWP는 이산화탄소의 GWP보다 23,900배 정도가 높다. 메탄은 21배 높다. 이는 같은 무게의 이산화탄소와 육불화황이 있다고 가정했을 때, 육불화황이 기후변화에 기여하는 정도가 이산화탄소에 비해 23,900배 더 높은 것을 의미한다. 즉 절대량은 이산화탄소가 많을지 모르지만, 효과적으로 온실효과를 줄이기 위해서는 이들의 양과 함께 영향도 고려해야 한다.

사회적 측면에서 예를 들어보자. 인권 경영을 하는 기업이 많이 있다. 특히 기업의 인권 경영은 노동권에 많은 비중을 할애하고 있다. 21세기에 들어 빠르게 진행된 산업화와 세계화로 기업의 경영 방식에도 변화가 많았다. 심화되는 경쟁과 무역 및 금융시스템의 자유화는 생산비용을 낮추도록 압박을 가한다. 기업은 자동화를 통해 일부 노동력을 불필요하게 만들기도 하고 착취와 아동 노동, 강제노동과 연루되기도 한다. 지구화 현상은 전 세계 모든 사람에게 영향을 미치지만 이에 대한 긍정적인 효과는 일부만 누리고 있다. 국제노동기구(ILO)는 '세계화의 사회적 측면에 대한 세계위원회'를 출범했고, 「공정한 지구화: 모두에게 기회 제공」이라는 보고서를 발간하기에 이른다. 정의롭고 공정한 노동조건은 평화와 개발을 촉진하는 데 필수적인 요소이다. 하지만 노동과 관련된 부정의 극심한 빈곤과 박탈은 단지 노동자만의 문제가 아닌 사회적 불안과 봉기의 원인이 되었다. 국제노동기구는 제1차 세계대전 이후인 1919년 4월 체결된 베르사유 평화조약(제13편 노동)에 따라 국제연맹 산하에 설립되었다. 자본주의 산업화 과정에서 발생한 노동문제를 합리적으로 해결하기 위함이었다. 국제적인 차원에서 노동조건과 사회정의, 보편적 평화가 상호 의존적 관계임을 최종 인정한 것이다. 국제노동기구는 다음과 같은 원칙을 세우고 있다.

1 **결사의 자유와 단결권 및 단체교섭권의 보호에 관련 협약**

2 **노동최저연령과 가혹한 형태의 아동 노동 금지에 관한 협약**

3 **강제노동 금지에 대한 협약**

4 **동일보수, 고용 및 직업상 차별금지에 관한 협약**

이 중 강제노동에 대한 이야기를 해보려고 한다. '여러분의 회사에 강제노동이 있습니까?'라는 질문을 받는다면 무엇이라고 답하겠는가? 대부분은 '없습니다'라고 대답할 것 같다. 그럼 나는 다음과 같은 추가 질문을 하겠다. '강제노동이 무엇이라고 생각하나요?' 이 질문에 명확하게 대답하는 사람은 많지 않을 것이다. 즉 우리는 정확한 정의를 잘 알지 못한 채 뇌피셜*에 의존해 판단하고 있는 셈이다. 시민적·정치적 권리에 관한 국제규약(ICCPR)에는 '어느 누구도 노예 상태에 놓여서는 안 되며, 어느 누구도 강제노동을 하도록 요구되지 아니한다(자유권규약 제8조)라고 명시되어 있다. 일반적으로 노예제는 금지되어 있지만 지금도 다양한 형태로 존재하고 있다. 노예라고 불리지만 않을 뿐 그들이 처한 상황은 노예 상태나 다름없는 경우가 많다. 노예란

* 신체 부위인 '뇌'와 '공식적인'을 뜻하는 영단어 '오피셜official'을 합쳐 만든 신조어로, 공식적으로 검증된 사실이 아닌 개인적인 생각을 뜻한다.

정신적 혹은 신체적인 위협을 통해 노동이 강요되거나 통제받고, 상품처럼 취급되거나 사고 팔리는 재산으로 간주되는 등 비인간적으로 처우받는 사람을 뜻한다. 실제로 부채상환을 위해 노동하는 사람들이 제대로 된 대가를 받지 못한 채 일을 하는 경우가 많다. 또한 ILO는 폭력이나 처벌의 위협 속에 일을 하는 사람이 2,090만 명에 이르며 이 중 90%는 사적 영역에서 착취당하고 있다고 추정하고 있다. 아동 노동은 더욱 참혹한 실정이다. 전 세계 1억 6,800만 명의 아동이 하루 종일 일하면서 개인적·사회적 발달에 중요한 교육과 휴식을 보장받지 못하고 있는 것으로 조사된다.* 이때 아동 노동으로 판단하는 기준 나이는 우리나라의 경우 '만 15세 이하'로 정하고 있다.

* 국가인권위원회, 인권의 이해 본문 중

거버넌스 측면의 사례를 보자, ESG 중 거버넌스를 판단하는 주요 항목에는 이사회의 구성 및 운영에 관한 내용이 포함되어 있다. 관련 이슈로 가장 많이 보이는 기사가 사외이사로 여성이사를 선임했다는 내용이다. 유엔 지속가능발전목표(UN SDGs)는 2030 어젠다 내용 중 보편적 가치의 세 가지 원칙을 정했다. 첫 번째 원칙은 '인권 기반의 접근', 두 번째 원칙은 '소외된 사람이 없게 하겠다', 세 번째는 '성평등 및 여성의 권한 부여'이다. 이러한 국제사회의 원칙에 따라 기업의 이사회 또한 영향을 받고 있는 것이다. 다양성과 포괄성(포용성)이 중요해지면서 기업에서도 공정과 평등의 이슈

아는 것과 제대로 아는 것은 다르다

가 불거졌다. 남성 중심의 기업 경영에 대해 변화가 필요하다는 지적이 제기되자, 2018년 블랙록은 여성 이사가 2인 미만인 기업에는 투자하지 않겠다고 선언했다. 한국도 2022년 8월에 시행되는 자본시장법 개정안에 자산 2조 원 이상 상장사는 이사회 전원을 특정 성별로 구성하면 안 된다는 내용이 포함되었다. 미국의 시티그룹은 2021년 2월, 제인 프레이저가 CEO로 부임했다. 그녀는 월가의 단단한 유리천장을 깨뜨리며 미국 10대 은행 중 최초의 여성 CEO가 되었다. 경영 분야에도 성평등에 대한 변화가 시작된 것이다. 미국 캘리포니아주는 좀 더 큰 변화를 예고했다. 단순히 성별에 대한 다양성뿐만 아니라 소수인종 또는 성소수자도 이사회에 포함되어야 한다고 규정한 것이다. 따라서 2022년부터 4인 이상 이사회는 2명, 9인 이상 이사회는 3명의 다양한 배경을 가진 인원으로 구성해야 하며, 위반 시 수십만 달러의 벌금을 물어야 한다. 2020년 말, 3,300여 글로벌 기업들이 상장되어 있는 뉴욕 월스트리트의 나스닥도 새로운 지침을 마련했다. 이는 새로 상장하거나 기존 업체들이 상장 자격을 유지하려면 꼭 지켜야 하는 지침으로, 기업들은 최소 두 명의 이사를 소수자 계층에서 선임해야 하는 것이 주요 내용이다. 한 명은 여성으로 하고, 다른 한 명은 성소수자 또는 소수 인종으로 선임해야 한다는 것이다. 일각에선 반대의 의견도 있다. 기업 경영의 자율성을 훼손할 우려가 있고 이사의 전문성과 역량보다 소수자를 앞세우는 건 또 다른 차별이 될 수 있다는 것이다. 하지만 기업에게 경영진의 다양성을 보장하고, 소수자를 포괄하는 정책을 강제하는 것은 이미 트렌드가 되고 있다.

지속가능한 경영을 하고 싶은가? 해야 하는가? 그렇다면 더 이상 뇌피셜에만 기댄 판단을 하면 안 된다. ESG가 강조하는 항목에 대해 구체적이고 전문적으로 이해할 필요가 있다. 가장 먼저는 법과 규제를 이해해야 한다. 그리고 우리의 수준을 제대로 알아야 한다. 어떤 위험이 있는지, 어디까지 그 위험을 통제할 수 있는지, 실제로 통제하고 있는 위험은 어느 것인지 제대로 알아야 한다. 선무당이 사람 잡는다는 속담이 있다. 어설프게 아는 지식으로는 망가진 지구를 살릴 수 없고, 목소리 높여 반대하는 사회의 다수자를 설득할 수 없다. 지구를 살리고 사회를 살리기 위해 각자가 제 몫을 다할 필요가 있다.

기업의 건강검진, ESG 평가

성인의 경우 1년 또는 2년에 한 번씩 건강검진을 받는다. 그리고 검진결과를 통해 얼마나 건강한지, 어디가 아픈지 확인할 수 있다. 치료가 필요한 부분이 발견되면 치료를 받고, 예방접종이 필요하면 처방을 받기도 한다. 기업이 ESG 경영을 하면서 공시하고 평가받는 것은 지속가능성 측면의 건강검진을 받는 것과 같다. ESG를 활용해 건강검진하듯 기업의 비재무적인 리스크를 미리 점검하고 관리하는 것이다. 하지만 좋은 ESG 평가를 받았다고 해서 그 기업이 문제없다는 것은 아니라는 점을 간과해서는 안 된다. 한 번의 건강검진으로 그 사람이 완전히 건강하다고 100% 장담할 수 없듯이 말이다. 글로벌 ESG 평가기관 중 한 곳인 서스테이널리틱스는 산업별로 ESG 위험에 기업이 얼마나 노출되어 있는지, 그리고 위험을 얼마나 잘 관리하고 있는지 측정한다. 그리고 5가지 등급으로 기업에 영향을 미칠 수 있는 ESG 위험 심각도를 구분한다. 미미한, 낮은/ 중간/높은/심각한 수준으로 부르는 이 범주는 기업이 처한 ESG 측면의 위험 수준을 나타낸다. 이 다섯 등급 중에 'ESG 리스크 없음'이라는 구분은 없다. 상대적으로 위험이 적을 수 있지만 무결하다고 말할 수는 없기 때문이다. ESG 평가에 민감한 기업들이 조심해야 할 것이 바로 이 부분이다. 평가 결과 가장 좋은 등급인 '위험이 미미한' 또는 '위험이 낮은' 단계로 판정 받고 나서 이 상태에 만족할 수 있다. 그러나 '이 정도면 되었지'라고 만족하는 순간, ESG는 경영진의 관심에서 멀어질 수 있다. 비재무적인 위험을 관리하고자 살펴보는 것이 ESG이기에, 위험이 없다고 만족하는 것 자체가 가장 위험한 상황이 되는 것이다.

병원에서 건강검진 받는 것을 떠올려보자. 신장, 체중, 혈압, 시력 등 기초적인 검사와 내시경, CT, MRI 등을 이용해 정밀한 검사도 한다. 이러한 검진을 마치면 개인의 건강이 어떤 상태인지 확인이 가능하다. 어디가 어떻게 아픈지, 당장 수술을 필요로 하는지, 관찰만 하면 되는지 등 건강에 대한 많은 정보를 알 수 있다. 그리고 이 결과를 바탕으로 전문가와의 상담을 통해 정확한 설명을 듣게 된다. 체중을 얼마나 줄여야 하는지, 어떤 운동을 얼마나 하는 것이 좋은지, 피할 것과 챙겨 먹어야 할 음식은 무엇인지 알게 된다. 그리

기업의 건강검진, ESG 평가

고 다짐을 한다. 건강한 삶을 살겠다고. 하지만 현실로 돌아오면 이러한 다짐도 오래가지 못한다. 바쁘다는 이유로, 살만하다는 이유로, 더 중요하고 급한 것이 있다는 합리화를 하며 우리는 건강한 삶과 조금씩 멀어지게 된다. 그리고 결국 어딘가 문제가 생기면 그때서야 후회하게 된다. 너무나 뻔한 스토리다.

기업도 마찬가지다. 기업 내 문제를 고치고자 ESG 경영을 마음먹으면 가장 먼저 무엇을 해야 할지 찾는다. 그러나 열심히 해보겠다고 다짐한 지 얼마 지나지 않아 여러 이유로 이러한 계획은 하나둘씩 미루어지거나 포기하게 된다. 그러면 어떻게 해야 ESG 경영이 기업 내부에 내재화될 수 있을까? 구체적인 목표를 세우고 실행할 필요가 있다. 우선 각 기업은 ESG 수준을 측정하고 공시해야 한다. 이때는 GRI, SASB(지속가능 회계기준위원회) 기준이나 TCFD 권고안 등 다양한 기관에서 만든 가이드라인에 따르면 된다. 각 기업은 그동안 반복해서 실수하고 있는 E(환경)에 대한 원칙을 살펴봐야 한다. 그리고 가장 먼저 환경과 관련된 비전과 목표를 수립해야 한다. 둘째는 기업이 생산 및 제공하는 제품 자체의 친환경성을 향상시켜야 하며, 셋째로는 가치사슬의 친환경성을 개선해야 한다. 넷째, 기업 운영 시 친환경성을 고려해야 하며 마지막으로는 친환경 기술혁신과 인프라 개선, 지속적인 투자를 해야 한다. 환경 영역에 해당하는 주요 항목은 기후위기와 함께 항상 언급되는 온실가스 감축, RE100 등 친환경 에너지 사용, LCA(전과정 평가)를 고려한 폐기물 절감 및 순환경제 프로세스 구축, 물 절약 및 부족 문제 해결, 생태계 및 원시림 보호, 친환경 분야 투자 등으로 구성되어 있다. 다음으로 S(사회) 영역의 비전과 목표를 수립해야 한다. 그리고 인권, 노동, 보건, 안전에 대한 보장과 고객을 보호하는 제도를 구축해야 한다. 또한 협력업체와의 상생과 공정거래, 지역사회 발전과 사회공헌 활동에 대한 구체적인 계획과 성과를 공시할 필요가 있다. 마지막으로 G(거버넌스)에 대한 내용으로는 가장 먼저 법을 준수하는 것과 윤리적이고 공정하며 투명한 경영을 하는 것을 기본으로 한다. 그리고 지배구조와 이사회의 건전성을 갖추고, 최고 경영자가 ESG를 실천하겠다는 확고한 의지를 보여주는 것을 요구한다. 이러한 과정을 통해 지속가능경영의 실행 체계를 구축하고 ESG 경영을 내재화 할 수 있는 것이다. 지금 언급한 ESG 경영에 대한 내용을 가만히 살펴보자. 조금 전문적인 단어가 포함되어 있기는 하지만 환경을 위해, 사회를 위해, 건강한 거버넌스를 위해 당연히 해야하는 상식을 나열하고 있을 뿐이다.

ESG 경영을 통해 우리 조직의 건강도를 확인할 수 있다. E, S, G 중에 취약한 부분과 강한 부분을 알 수 있다. ESG를 기업 경영의 장애물로 여길 것인지 혹은 건강한 조직이 되도록 도움은 주는 검진으로 여길 것인지 선택은 각자의 몫이다. 그런데 어차피 해야 할 것이라면 긍정적으로 받아들이고 우리의 경쟁력으로 삼으면 어떨까?

조직이 ESG를 대하는
네 가지 유형

ESG는 공시 기준, 측정 기준, 평가 기준이 있다. 그런데 현재는 표준화된 공시 기준과 평가 기준이 없다는 지적이 단골로 제기되며 ESG 공시 및 평가 기준 개선에 대한 목소리가 커지고 있다. 이를 해결하기 위해 GRI, CDP, IIRC(규제통합보고회), SASB, CDSB 등의 기관은 기업이 공시하는 보고서 표준을 통합하겠다고 밝혔다. 그리고 2021년 6월 IIRC와 SASB는 함께 '가치 보고 재단(VRF)'을 설립하고 기업의 지속가능성과 ESG 보고 프레임워크를 통합하는 작업을 시작했다. 비재무 정보의 공시 기준은 앞으로 점차 통합되어 표준화되겠지만 아직까지는 ESG 대응에 대해 '좌절'을 느끼는 기업이 많다. 연중 비슷한 시기에 수십 개의 기관이 서로 다른 플랫폼과 다른 방식을 사용하여 ESG 수준을 측정함으로써, 기업에게

'분노' '냉소' '보고 피로'를 유발
하기 때문이다. 앞서 ESG 경영이
기업의 경쟁력이 되어야 함을 강
조했는데, ESG 관련 기관이 실제

* Ester Clementino· Richard Perkins (2020), "How Do Companies Respond to Environmental, Social and Governance (ESG) ratings? Evidence from Italy", Journal of Business Ethics.

로는 피로유발자 역할을 하고 있는 셈이다. 에스터 클레멘티노Ester Clementino와 리차드 퍼킨스Richard Perkins는 경영학 분야의 권위 있는 학술지 중 하나인 《JBE》에 발표한 논문*을 통해 기업은 ESG 평가를 어떻게 생각하고 대응하는지, 실제로 ESG 평가가 기업에게 어떤 도움이 되는지 연구했고 몇 가지 흥미로운 결과를 확인했다.

먼저 에스터 클레멘티노와 리차드 퍼킨스는 ESG 평가가 어떤 의미가 있는지 알아보았다. 이들이 조사한 바에 따르면 ESG 평가 점수와 등급이 공개되기 시작하면서, 기업이 CSR 및 ESG 관련 조직을 정교화하고 이들 조직의 역량 강화에 힘을 쏟기 시작하는 등 긍정적인 변화를 확인했다. 하지만 동시에 이러한 평가는 단지 '게임에서 높은 점수를 받기 위해 하듯이' 좋은 등급을 받고자 수단과 방법을 가리지 않고 윤리적으로 무책임한 행동을 유도하는 위험이 있음을 지적했다. ESG 개념의 주요 근간이 윤리 경영, 준법 경영인데, 결과에 치우친 나머지 ESG 경영을 하는 과정에서 그 근간이 흔들린다는 것이다.

과거에는 재무적인 데이터만을 고려하여 기업평가를 해 왔지만,

이제는 포괄적이고 체계적이며 비교 가능한 비재무적 데이터를 제공함으로써 정보의 불균형을 해결하는 데 도움을 주는 긍정적인 역할을 한다는 주장이 많다고도 밝혔다. 다른 의견도 발견했다. ESG 평가 및 등급화의 근거는 기업 내의 데이터인데, 그 품질이 객관적이고 중립적이지 않다는 지적이 많다는 것이다. 평가기관은 보통 기업이 공시하는 지속가능경영 보고서나 홈페이지, 언론기사 등을 참고하여 평가를 한다. 문제는 지속가능경영 보고서나 홈페이지의 경우 기업에게 유리한 정보 위주로 제공되고 있다는 점이다. 본래 취지인 정보 불균형 해소가 아닌 정보 비대칭성을 심화시키고 있다는 것이다. 또한 ESG 평가기관도 의도적으로 타 평가기관과의 차별화 포인트를 만들고 그것을 강점으로 어필하다 보니, 통일된 기준이 만들어지기 어려운 현실이라고 지적했다. 이는 현재 한국의 다양한 기관에서 자체 ESG 평가기준을 만드는 것을 보더라도 쉽게 이해가 되는 부분이다.

또한 연구자들은 ESG 평가에 대한 기업들의 반응을 네 가지 유형으로 구분했다. 먼저 ESG 평가를 긍정적으로 생각하는 기업과 그렇지 않은 기업으로 나누고, 다시 적극적으로 대응하는 기업과 수동적으로 대응하는 기업으로 나누었다. 이러한 구분에 따라 ▲수동적 수용기업 ▲적극적 수용기업 ▲수동적 저항기업 ▲적극적 저항기업으로 나누고 각 그룹별로 어떠한 특징이 있는지 살펴보았다. '수동적 수용기업'의 경우 외부 ESG 평가에 대해 어느 정도는 반응하고 있으며, ESG 등급 결과가 기업을 변화시키는 원동력이 된다고 응답했다. 이 부류의 기업은 지속가능경영 보고서를 중심으로 평가 기관에 대응하고, 평가기준에 맞추어 보고서와 홈페이지 등에 공개 수준을 확대하는 방식으로 수동적 대응을 했다. '적극적 수용기업' 의 경우 ESG 평가 결과가 좋으면 더 많은 투자자를 유치할 수 있 다는 믿음 하에, 평가자의 요청에 많은 시간을 할애하고 적극적으 로 응답했다. 그 결과 타 경쟁회사 대비 비교우위를 선점하고 투자 자와의 신뢰와 평판을 구축할 수 있었다. 이들 그룹의 특징은 다음 과 같았다. 우선 지속가능경영 보고서의 작성 수준을 높였고, 관련 조직을 고도화했다. 또한 임직원의 KPI(핵심성과지표)에 ESG 관련 목표를 부여하고, 임직원의 인식을 높이는 활동을 했다. ESG 관련 지표를 학습하고 벤치마킹한 후, 기업의 새로운 정책에 ESG를 반 영하는 활동도 했다.

반면 '수동적 저항기업'은 ESG 평가 결과가 투자 유치에 도움이 되지 않거나 기업의 평판 제고에 이득이 되지 않는다고 판단했다. 그래서 ESG 평가에 대해 부정적으로 생각하며 전략적 의사결정을 할 때 ESG 요구를 '묵살'하는 경향을 보였다. 마지막으로 '적극적 저항기업'은 ESG 경영과 비즈니스 목표가 일치하지 않기 때문에 ESG 평가를 거의 고려하지 않는다고 말한 그룹이었다. 오히려 이 들 그룹은 ESG 평가 결과는 진정한 ESG 경영을 위한 일부 이해관 계자에 불과하다고 말했다. 또한 ESG 평가 요소가 미래 성과 예측

보다는 과거 성과에 많이 의존하고 있음을 지적하며, 적극적인 로비활동을 통해 피평가자가 중요하게 생각하는 요소를 ESG 평가 항목에 반영시키고자 노력했다. 마지막으로 연구자는 좋은 ESG 평가 등급을 받기 위해 공시범위를 확대하는 기업이 늘고 있지만, 실제 기업의 경영 현실과는 다른 정보를 포함하는 경우가 종종 발견된다고 지적했다. 기업은 잘한 것, 개선된 것 위주로 공개하고 부정적인 영향에 대해서는 축소하거나 부인하는 행위를 조심해야 한다고 강조했다. 그리고 ESG 평가가 기업의 상업적 마케팅 요소로 활용되는 것을 경계해야 하며, ESG 성과가 좋은 기업이 사회에 무해하고 도덕적인 기업으로 커뮤니케이션 되는 것도 위험하다고 지적했다. 내가 속한 기업은 네 가지 유형 중 어디에 속하는지 생각해 보자. 그리고 연구자가 강조한 것처럼 의도적으로 정보를 왜곡하거나, 이미지 제고 및 마케팅 목적으로만 사용하고 있지 않은지 확인해봐야 한다.

과거에도 ISO 26000, 지속가능경영, CSR 등의 이름으로 환경과 사회와 거버넌스에 대한 중요성을 이야기해왔지만 지금처럼 기업이 반응했던 적은 없었다. 최근 많은 기업이 ESG 경영을 선언하는 모습을 통해, 우리는 기업에 가장 큰 영향력을 미치는 주체가 영향력이 큰 투자자 그룹임을 명확하게 확인할 수 있었다. 선한 마음으로 기업이 변화하기를 바랐던 것은 몇몇 낙관론자의 희망사항에 불과했을지도 모른다. 이유야 어떻든 지금은 기업이 변하겠다고 나서고 있다. 이번 기회에 기업들이 제대로 기업시민으로서 역할을 다하고 사회적 가치를 창출하며 그들의 지속가능성을 갖추어 가는 모습을 기대해 본다.

방관자 효과를
극복하라

『All I really need to know I learned in kindergarten』, 이 책은『내가 정말 알아야 할 모든 것은 유치원에서 배웠다』라는 제목으로 익숙한 로버트 풀검의 책이다. 미국에서 출간된 이래 34주간 뉴욕타임스 베스트셀러 1위를 차지했으며 무려 97주간 베스트셀러에 올랐다. 1992년에 한국에서도 번역본이 나오며 꽤나 인기를 끌었다. 이 책의 제목처럼 우리가 정말 알아야 할 것은 유치원에서 다 배웠을까? 'ESG 경영을 하라고 하는데 (또는 하고 싶은데) 뭘 해야 할지 모르겠어요.' '경영진을 어떻게 설득해야 할까요?' 'ESG 평가를 잘 받으려면 어떻게 해야 할까요?' 등 궁금증을 갖는 기업 담당자가 많다. 만약 누군가 여러분에게 'ESG 경영을 위해 무엇을 해야 할까요?'라고 묻는다면, "생태계와 사회의 구성원인 기업시민으로서 유치원에서 배운 것을 그대로 실천하세요"라고 답하면 될 것 같다. 환경과 사회와 거버넌스를 위해 무엇을 해야 할지는 앞서 언급한 책 제목처럼 유치원에서 이미 다 배운 것이기 때문이다. 다만 알고 있는 것을 행동으로 옮기느냐 못하느냐가 핵심인 것이다.

방관자 효과라는 개념이 있다. 주위에 사람들이 많을수록 어려움에 처한 사람을 돕지 않게 되는 현상을 뜻하는 심리학 용어이다. 1964년 3월, 새벽 미국 뉴욕 퀸스 지역 주택가에서 키티 제노비스라는 여성이 강도의 칼에 찔려 살해된 사건이 있었다. 제노비스는 새벽 3시 15분에서 50분까지 약 35분 동안 흉기에 찔려 사망했다. 그녀는 비명을 지르면서 도망다녔지만, 결국 죽음을 피하지 못했다. 그녀의 비명소리에 주위 아파트의 불빛이 켜졌다. 하지만 내려오는 사람은 없었고 다시 아파트 불빛이 꺼지기 시작했다. 범인은 윈스턴 모즐리였다. 모즐리는 6일 후 다른 절도 혐의로 체포되었다가 제노비스 살인을 자백하며 검거되었다. 처음엔 단순한 살인 사건으로 취급되었지만 뉴욕타임스가 이 사건을 다루면서 미국 전역이 발칵 뒤집혔다. 기사 제목은 다음과 같았다. 〈살인을 목격한 38명은 경찰에 신고하지 않았다.〉 뉴욕타임스는 희생자가 마지막 30분 동안 비명을 지르는데도 남녀 목격자 38명이 창가에 서서 구조는커녕 경고성 고함 한 번 지르지 않았다고 밝혔다. 왜 이런 현상이 일어 났을까? 밥 달리와 빕 라타네는 이와 같은 현상에 대해 연구했다. 38명의 목격자가 '무관심' 때문에 대응하지 않은 것은 아니라고 가정했다. 그들은 대응할 것인지, 안 할 것인지 갈등하는 상태였다. 밥 달리와 빕 라티네는 이를 '책임감 분산'이라고 이름 붙였다. 사건을 목격한 사람들이 많을수록 개인이 느끼는 책임은 분산되어 적어진다는 것이다. 지켜보는 사람이 많으니, 자신이 아니더라도 누군가 도움을 주겠지 하는 심리적 요인 때문이다.

우리 사회는 다양한 문제로 어려움을 호소하는 부류가 많이 있다. 기근과 빈곤으로 인해 고통받는 사람들, 여러 이유로 난민이 되어 목숨을 걸고 떠돌아 다니는 가족들, 대형 산불로 삶의 터전을 잃어버린 원주민, 작업공정에서 다루던 치명적인 유해 화학물질로 실명하거나 희귀병에 걸려서 목숨을 잃는 노동자, 코트디부아르 코코아 농장에서 일하는 아동 등 이러한 사례는 무수히 많이 찾아볼 수 있다. 이런 사회문제 해결을 위해 우리는 무엇을 하고 있는가? '나 말고 다른 누군가가 하겠지'라는 생각을 하고 있지는 않은가? '늘 그래왔던 거니까 문제 없겠지' '남이 하면 그때 생각해 봐야지' 등 핑계를 만들고 있지 않은가? 이것이 바로 방관자 효과다. 거창하게 살인을 눈감는 것 말고, 우리 사회에 만연한 문제들에 대해 침묵하는 것 또한 우리를 방관자로 만든다. 어떻게 방관자 효과를 극복할 수 있을까? 2021년 2월 글로벌 초콜릿 회사인 허쉬, 네슬레 및 카길, 몬델레스 등의 식품회사는 인권단체인 '국제권리변호사들'에게 아동 노동착취 혐의로 집단소송을 당했다. 이들 기업은 아동 노동에 반대한다는 성명서를 내고, 문제를 해결하겠다는 방침을 발표했다. 코코아 농장의 아동 노동 이슈는 아직 해결되지 않았지만 이러한 문제에 대해 방관하지 않은 누군가가 있었기 때문에 세상이 조금씩 바뀌고 있다.

세계무역기구(WTO)에 따르면, 2020년 기준 우리나라의 수출 순위는 7위로 세계 전체 수출 비중에서 3.1%를 차지했다. 수출과 수입을 합한 교역 순위도 3.0%로 9위를 기록해 역대 최고치인 2011년과 같은 수준이었다. 이 작은 나라가 전 세계 경제대국이 되기까지 기업은 중요한 역할을 했고, 크고 작은 시련과 어려움을 잘 극복해 왔다. 훌륭한 직원들의 피와 땀이 담긴 헌신과 노력이 뒷받침된 것은 두말할 나위가 없다. 일부 기업의 컴플라이언스 이슈가 오점으로 남아있기는 하지만, 한국의 기업들은 크고 작은 부침을 극복하며 지금의 성장을 이뤄왔다. 다만 ESG 경영이 뿌리를 내리고 열매를 맺으려면 긴 호흡을 가져야 한다. 장거리 육상 종목인 마라톤 연습을 할 때면 함께 뛰어 주는 페이스 메이커가 있듯이, 기업의 ESG 경영을 위한 페이스메이커도 필요하다. '임직원' '이해관계자' '규제' 등 다양한 답변이 있을 수 있지만, 기업을 가장 잘 알아 페이스메이커 역할을 해줄 당사자는 바로, 또 다른 '기업'이다. 기업과 기업이 함께 달리며 서로에게 힘이 되어야 한다. 환경 분야를 잘 고려하는 기업, 사회에 긍정적인 영향을 미치는 기업, 거버넌스가 좋은 기업 등 다양한 기업이 서로 벤치마킹하며, 기꺼이 자신들의 노하우를 나누어 줄 필요가 있다. 이들은 치열한 경쟁사회에서 함께 뛰고 있기에 서로의 힘든 점을 누구보다 더 잘 안다. 그래서 서로의 위로가 더 큰 힘이 되기도 한다. 이익 추구가 전부인 기업들은 서로가 경쟁자지만, ESG를 잘 하겠다고 선언한 기업들은 이제 같은 목표를 향해 달려가는 마라토너와 페이스메이커 관계가 되었다. 어느 한 명이 무리하게 빨리 달릴 필요가 없고, 그렇다고 뒤처지게 놔두지도 않아야 하는 관계가 된 것이다.

ESG 경영을 한다는 것은 더 이상 환경과 사회와 우리 조직의 거버넌스에 대해 방관하지 않겠다는 뜻이다. 지금까지 해온 잘못된 관행을 그대로 남겨두지 않겠다는 뜻이다. 현 세대의 소비자 또한 방관자가 아니다. 환경에 관심 많은 소비자가 많아지고 있다. 이러한 변화에 따라 한 유제품 회사는 플라스틱 빨대를 없애기도 했고, 통조림 캔의 플라스틱 뚜껑을 없앤 회사도 있다. 생수병의 비닐 라벨을 제거하기도 하고, 대형 프랜차이즈 카페에서는 2025년부터 일회용컵을 사용하지 않기로 선언하고 일부 매장은 벌써 시범사업을 시작했다. 하지만 우리는 아직도 가야 할 길이 멀다. 북극의 얼음이 더 이상 녹지 않도록, 태평양 한가운데에 있는 섬이 바다에 잠기지 않도록, 우리의 바다가 미세 플라스틱과 폐기물에 오염되지 않도록, 나 하나쯤이야 하는 안일한 생각이 자리잡지 않도록 깨어있을 필요가 있다. 지금 우리는 '책임'의 시대에 살고 있다. 지금까지 우리가 지구와 환경에 잘못한 것에 대해 철저하게 반성해야 한다. 그리고 이제는 투자자, 기업, 개인 모두 ESG 경영이라는 거대한 파도에 올라 타서 지속가능한 지구별을 만드는데 앞장설 때가 되었다. 미래 세대를 위해서라도 방관자가 되어서는 안 된다.

지속가능경영을 시작하는 법

    지속가능경영을 시작하려면 무엇을, 어떻게 해야 할까? 정답은 없지만 다음과 같은 순서는 참고할 만하다. 먼저 우리 기업은 ESG 및 지속가능발전목표, CSR 등이 무엇인지 알아야 한다. 자동차 운전을 할 때 계기판에 연료부족 경고등이 깜빡인다고 치자. 해당 경고등이 무엇을 의미하는 것을 알지 못하면 아무리 경고등이 깜빡여도 대응할 수 없는 것과 마찬가지이다. ESG와 관련된 정보로는 한국기업지배구조원의 모범 규준이나 증권거래소의 ESG 정보공개 가이던스, MSCI와 S&P 글로벌의 ESG 관련 자료 등이 있다. 지속가능발전목표는 유엔 홈페이지에서 해당 개념과 사례를 확인할 수 있다. 둘째, 우리 조직의 지속가능경영 수준을 확인해야 한다. 현재 우리가 어느 위치인지 알아야 무엇을 하고 무엇을 하지 말아야 할지 결정할 수 있기 때문이다. 앞서 확인한 ESG 지표 또는 지속가능발전목표, CSR 체크리스트를 통해 각 조직을 평가해 보면 대략적인 지속가능경영 이행 수준을 확인할 수 있다. 이때 주의할 것은 평가자의 역량에 따라 결과의 편차가 클 수 있다. 각 항목이 담고 있는 의미를 제대로 알아야 답변할 수 있는 질문이 많기 때문이다. 셋째, 우리 조직이 중요하고 심각하게 받아들여야 하는 항목에 대한 우선순위를 정해야 한다. 지속가능경영은 매우 광범위한 영역을 포함한다. 관련 체크리스트만 보더라도 적게는 수십 개부터 많게는 수백 개까지 그 항목이 다양하다. 환경, 사회, 거버넌스 영역 모두 잘하면 좋지만, 현실적으로는 쉽지 않기 때문에 선택과 집중이 필요하다. 이를 위해 각 조직은 중대성 분석을 해야 한다. 해당 조직과 이해관계자 모두를 고려하여 중요한 항목을 선정하는 것은 많은 기업과 기관에서 우선순위 항목을 도출하기 위해 자주 사용되는 방법론이다. 넷째, 조직 내부의 공식적인 프로세스를 거쳐 선정한 주요 항목에 대해 단기적으로 실행해야 할 것과 중장기적으로 접근할 이슈를 구분한다. 그리고 각 부서별로 달성할 목표를 수립하고 구체적인 실행 방안을 세워야 한다.

기업이나 기관의 홈페이지를 검색해보면 멋진 그림이나 표로 만들어진 조직의 미션, 비전, 전략, 실행안이 적혀있는 것을 쉽게 찾아볼 수 있다. 하지만 각각의 전략들이 어떻게 도출되었는지, 실제로 그 조직에 얼마나 중요한 것인지 알기는 어렵다. 그리고 목표나 실행안이 실제로 적절한 것인지, 효과적인 방안인지도 알 수가 없다. 이러한 과정까지 모두 알릴 필요는 없지만, 대신 중요한 항목에 대해서 성과관리를 하고, 그 결과의 영향과 대응에 대해 공유함으로써 이해관계자의 이해를 돕는 것은 필요하다. 그래서 마지막 다섯째가, 지속가능경영을 위한 조직의 노력을 투명하게 공시하고, 개선이 필요한 항목은 개선 계획을 수립하는 것이다. 지속가능경영의 핵심은 조직의 환경과 사회와 거버넌스와 관련된 내용을 측정하고 공시하고 평가하는 것 자체가 아니라, 실제로 우리사회와 기업이 지속가능한 상태가 되는 것이다. 이를 위해 앞서 말한 다섯 단계를 실행하면 도움될 것이다.

최근 ESG라는 단어가 너무 많이 사용되다 보니, 우리 사회는 벌써 ESG에 대해 피로감을 보이기도 한다. 이는 ESG가 그 정도로 중요하다는 방증이기도 하다. ESG가 한때 유행에 불과할 거라는 의견도 있지만 현재의 분위기는 일시적인 것은 아니라는 주장이 지배적이다. 그 이유는 ESG 자체가 중요해서라기보다는 ESG가 지향하는 지속가능성이 중요하기 때문이다. 환경과 사회와 거버넌스에 대한 요구는 예전부터 있었지만, 이제는 매우 구체적이 되었다. 그리고 이를 잘 하지 못했을때의 영향도 과거보다 더 커지고 있다. 받아들이는 공공·기업·기관이 체감하는 정도도 과거와는 상당한 차이가 있다. 지속가능경영 수준이 기업의 경쟁력과 생존까지도 결정하다 보니 기업은 그린워싱, ESG 워싱과 같은 악마의 유혹을 받게 된다. 당연히 옳지 않은 속삭임은 과감히 떨쳐내야 한다. ESG가 중요하다고 하니 겉으로만 잘하는 척하는 유혹을 경계해야 한다. 기업이 진정성을 갖고 지속가능경영을 하나씩 하다보면 사회는 이러한 기업을 제대로 평가하게 될 것이다. 더 좋은 집을 만들기 위해 리모델링을 하는 경우가 있다. 이때 곰팡이가 핀 벽의 원인을 제거하지 않은 채 벽지를 덧바르는 부실공사처럼, 경영진의 임기 동안만 문제가 생기지 않도록 가리는 얄팍한 대응은 오히려 더 큰 문제를 야기한다. 이는 미래에 더 큰 책임을 져야 할 일임을 알아야 한다.

기업에게 주어진
정언 명령

비판 철학의 창시자로 알려진 18세기의 대표적인 철학자 임마누엘 칸트를 잘 알 것이다. 칸트는 순수이성비판을 기초로 분석판단과 종합판단, 선천적 종합판단 등 인간이 판단하는 인지적 시스템에 대한 고민을 많이 했다. 그리고 칸트는 '정언 명령定言命令'으로 유명하다. 정언 명령이란 '당신 의지의 준칙이 항상 보편적인 입법의 원리로서 타당하도록 행위하라'는 의미로, 무조건적으로 반드시 이렇게 해야 한다고 명령하는 것이다. 이와 상대적인 개념으로 가언 명령假言命令이 있다. 가언 명령은 '만약 이익을 많이 내려면 … 을 해야 한다'와 같이 가설이나 조건을 달아 명령하는 것이다. 지속가능경영은 정언 명령일까? 가언 명령일까?

전국경제인연합회와 한국능률협회 등의 기관이 조사한 결과, 기업이 지속가능경영을 하는 이유로 '이미지 제고'가 가장 높은 응답률을 보였다.* 즉 지구와 사회의 지속가능성 자체를 목적으로 하는 것이 아니라 이미지 제고를 위해서라면 해야 하는 가언 명령으로 인식한다는 것이다. 하지만 이제 바뀌고 있다. 지금까지는 지속가능경영이 가언 명령이었지만 이제는 반드시 해야만 하는 정언 명령으로 바뀌고 있다.

* 전국경제인연합회 홈페이지 내 보도자료

산업화 이전인 1850년 지구의 평균 온도는 약 13.5도였다. 지금 벌써 1도 정도가 상승했다. 앞으로 기온이 더 올라가면 심각한 문제가 발생한다는 보고가 쏟아지고 있다. 20~30년 후에 벌어질 일이니 현재 의사결정자의 책임이 아니라고 생각해서 일까? 기업은 수많은 온실가스를 계속 내뿜으면서도 과학적인 근거 없이 2050년 탄소중립이라는 장미빛 희망이 담긴 계획을 발표한다. 근로현장에서의 안전사고와 공정 중 사용하는 화학물질로 인해 근로자들의 건강상 침해가 발생하고 있다. 하지만 명확한 인과관계를 밝히기 어려워 적절한 보상과 규제가 어려운 상태로 피해자만 늘어가고 있다. 우리 기업에 원재료와 부품을 공급하는 기업에서 어떤 일이 발생하는지 관심을 두지 않은 채 가격인하와 납기를 요구하거나, 협력업체의 기술을 탈취하는 사례도 종종 들려온다. 여러 업체와 비밀유지 서약서를 체결하여 외부에 알리지 못하도록 한 후 수많은 정보를 모은다. 이렇게 모은 막대한 정보를 가지고 업체들간 불공정한 경쟁을 시키는 사례는 유치하지만 실제로 일어나고 있는 일이다. 그리고 기업 지분의 일부만 보유하고 있음에도 기업의 총수로 군림하며 막강한 영향력을 행사하는 소유지배 괴리 문제도 반복되고 있다. 내부고발자를 보호하겠다고 하지만 실제로는 불이익을 주는 사례도 끊이지 않는다. 그나마 '할 말하는' MZ세대의 등장으로 기업이 고객 이외에 내부 직원의 이야기에도 귀기울이기 시작한 것은 위안이 된다.

기업企業은 사업을 계획하는 것을 뜻한다. 각 기업들은 위와 같은 문제를 만들려고 사업을 계획하고 시작했을까? 아닐 것이다. 그렇다면 어디서부터 잘못 되었을까? 지금까지 경제발전이라는 대명제 하에 기업은 환경오염과 인권 침해, 그리고 기업 경영의 부조리를 만들어 냈다. 하지만 이제는 기업에게 '지속가능경영을 하라'는 정언 명령이 요구되고 있다. 특정인의 이익을 위해서가 아니다. 국가 발전을 위해서도 아니다. 이대로는 자연과 기업과 사람 모두 자멸하기 때문이다. 더 이상 무슨 말이 필요할까?

ESG라는 단어가 사용되기 전에 트리플바텀라인(TBL)의 개념이 지속가능경영에 큰 영향을 미쳤다. 1994년 존 엘킹턴은 기업을 평가하는 방법으로 재무적인 성과 이외에 사회와 환경성과를 고려해야 한다는 트리플바텀라인을 제시했다. 기업은 경제적인 측면의 재무성과, 사회적 부의 창출, 환경적 책임에 대해 사회에 보고해야 한다고 주장했다. 지속가능한 자본주의가 되기 위해서는 이익뿐만 아니라 사람과 지구 문제를 해결해야 한다는 것이었다. 그가 제시한 세 가지 요인인 경제, 사회, 환경요소는 훗날 대표적인 기업의 지속가능경영 공시 기준인 GRI의 근간이 되기도 했다.

　지속가능한 자본주의를 고민할 때가 되었다. 투자자의 ESG 요구가 지구와 사람의 지속가능성보다는 투자 고객들의 수익성 때문이라는 이야기를 하곤 한다. 의도가 순수하지 않다는 것이다. 하지만 이는 투자자의 속성상 당연하다. 투자자는 투자자 자체로 할 수 있는 지속가능한 노력을 하면 된다. 유엔 등 국제기구나 인권, 환경 시민단체는 순수하게 요구하고 있다. 기업은 이러한 외침에 얼마나 반응했던가? 그들의 의도는 순수했는데 말이다. 이제 각자가 정언 명령에 따라 행동할 때가 되었다. 너무 복잡한 역학관계를 따지기 앞서 '내가 하는 일이, 전 세계의 누구나가 따르고 똑같이 행동해도 되는 일인지' 생각하고 행동하면 된다. 이것이 칸트가 말한 '내가 하는 판단이나 행동이 보편적으로 누구나 해도 괜찮은 일이라고 생각하고 행동하라'는 정언 명령의 개념이다. 내가 불법과 편법으로 자녀에게 경영권을 물려준다면, 이것이 보편적인 법이 되어서 전 세계 모든 경영자가 그렇게 해도 된다고 생각하는 것을 의미한다. 내가 신호를 어기고 무단횡단을 한다면, 누가 무단횡단을 해도 아무런 상관없는 세상이 되어도 괜찮다는 것이다. 내가 약자에게 갑질을 한다면 이 또한 누구나 갑질을 해도 상관없다는 의미이다. 지금 기업에게 지속가능경영과 환경, 사회, 거버넌스를 신경쓰라고 하는 것은 우리가 먼저 함으로써 사회적 보편성을 띄도록 해야 하기 때문이다. 지속가능경영, 누구나 해야 하는 당연한 것이 되어야 한다.

경영자를 위한
히포크라테스 선서

지속가능경영, ESG등의 단어와 함께 사용되는 용어로 '기업의 사회적 책임(CSR)'이 있다고 했다. 기업의 사회적 책임에 대한 체계적인 개념은 미국 경제학자인 하워드 보웬이 1953년에 출판한 『비즈니스맨의 사회적 책임』이라는 책에서 확인할 수 있다. 이전에도 기업가로서 사회적 책임을 강조하는 몇 가지 주장이 있었지만, 하워드 보웬으로부터 CSR의 개념이 정립되었다는 것이 일반적 설명이다. 그 이후 다양한 개념으로 정의되던 CSR은 1979년 캐롤 교수가 '기업의 성과'에 대해 3차원 모델을 제시한 9페이지의 짧은 논문에서 구체적으로 정리되었다. 캐롤은 '사회적 책임'을 경제적 책임, 법적 책임, 윤리적 책임, 임의의 책임이라고 정의하며 CSR의 개념을 발전시켰다. 하지만 마지막 '임의의 책임'의 모호성에 대해 여러 질문과 공격을 받았다. 그래서 캐롤은 1991년 「CSR의 피라미드: 조직 이해관계자의 도덕적 경영을 위해」라는 논문을 발표하여 기업의 사회적 책임을 경제적 책임, 법적 책임, 윤리적 책임, 자선적 책임으로 재정의했다. 이후 CSR의 피라미드 모형은 사회적 책임을 공부하는 많은 학자들에게 이론적 배경을 제공해 주었다. CSR 피라미드의 네 가지 요소를 이행하는 방식은 회사의 규모, 경영진의 철학, 기업 전략, 산업 특성, 경제 상태 및 기타 조건에 따라 달라질 수 있지만, 경영진에게 CSR에 대한 명확한 개념을 제공한 것은 분명하다. 캐롤은 "CSR 활동은 솔직하고 행동 지향적인 용어로, 비즈니스의 수익성이 있어야 하고 법 준수 및 윤리적이어야 하며, 훌륭한 기업 시민이 되어야 한다"고 설명했다.

그러나 이 연구는 CSR 피라미드를 통해 경제적, 법적, 윤리적, 자선적 이 네 가지 주요 요소만을 설명하고자 쓰여진 논문은 아니었다. 논문의 제목과 부제에서도 알 수 있듯이, CSR은 이해관계자와의 도덕적 상호작용이 중요하다는 게 강조되길 원했다. 이를 위해 캐롤은 이해관계자를 기업 소유주, 고객, 임직원, 지역사회, 경쟁자, 협력업체, 시민사회, 공공 등으로 정의했다. 그리고 이해관계자 별로 부도덕한 경영immoral management, 비도덕적인 경영amoral management, 도덕적 경영moral management이라는 세 가지 도덕 유형으로 나누고 어떻게 기업 경영을 하면 좋을지 방향을 제시했다. 이때

'부도덕한 경영'은 이미 나쁜 일임을 인지했음에도 비윤리적인 일을 하는 것이고, '비도덕적인 경영'은 위험성을 알지 못한 상태로, 의도하지 않았지만 결과적으로는 법을 위반하는 등 비윤리적인 일을 한 것, 마지막 '도덕적 경영'은 말 그대로 기업을 경영함에 있어 도덕적으로 경제적, 법적, 윤리적, 자선적 책임을 다하는 것을 의미한다.

그러면 기업이 '도덕적 경영'을 잘 하기 위해 필요한 것은 무엇일까? 캐롤은 '경영진의 모범을 통한 리더십'이 가장 효과적인 방법이라고 명쾌하게 설명한다. 도덕적 경영을 위해서는 기업의 일방적인 CSR 활동이 아닌 기업과 이해관계자의 관계와 상호 참여가 중요하다고 말한다. 또한 공동의 동일한 목표를 지향하되 도덕적 경영의 수준은 가능하면 높게 설정해야 한다고 말하고 있다. 이러한 높은 수준의 기대는 좋은 사회를 실현하기 위해 경영진에게 자연스럽게 생기는 열망과 갈망이라고 설명하며 캐롤은 연구를 마무리한다. 불과 몇 년 전만 하더라도, 기업의 사회적 책임(CSR)은 기업 내 작은 부서의 업무 정도로만 인식되던 단어였다. 하지만 최근 지속가능경영, ESG 등이 유행하면서 이들의 근간이 되는 기업의 사회적 책임이라는 개념이 다시 중요해지고 있다. 이러한 측면에서 CSR의 구루인 캐롤 교수가 강조하는 핵심을 상기해 볼 필요가 있다. 기업이 사회적 책임을 다한다는 것은 다양한 이해관계자와의 관계 속에서 경영진의 솔선수범을 통한 리더십 하에 도덕적으로 경영을 하는 것이다. 지속가능한 세상을 위해 경제·사회·환경적으로 책임을 다하고 탁월한 성과를 창출하는 도덕적인 경영진이 많아지길 응원하는 이유이다.

미국의 《포춘Fortune》은 기업의 혁신성, 인사관리 부분, 자산 활용, 사회적 책임과 품질 관리, 재정 건전성, 장기 투자 가치, 제품·서비스 품질, 글로벌 경쟁력 등 9개 항목을 평가하여 전 세계에서 가장 존경 받는 50대 기업을 발표한다. 그리고 '일하기 좋은 직장 Great Work Place'을 통해서도 매년 탁월한 리더십과 높은 사명감으로 일하기 좋은 일터를 만들고 혁신적인 경영 철학을 확산 및 보급하여 산업발전에 기여한 CEO를 선정해 시상하고 있다. 이 외에 한국의 산업통상자원부와 중소벤처기업부 및 여러 단체들도 매년 사랑 받는 기업과 존경 받는 기업을 선정해 발표하고 있다.

우리는 종종 의학 드라마나 영화에서 '의료업에 종사할 허락을 받음에 나의 생애를 인류 봉사에 바칠 것을 엄숙히 서약하노라'라는 내용이 포함된 히포크라테스 선서를 들으며 가슴 뭉클함을 느끼곤 한다. 법을 집행하는 법관도 취임할 때 '본인은 법관으로서, 헌법과 법률에 의하여 양심에 따라 공정하게 심판하고, 법관윤리강령을 준수하며, 국민에게 봉사하는 마음가짐으로 직무를 성실히 수행할 것을 엄숙히 선서합니다'라는 선서를 대법원장 앞에서 해야 한다. 그러면 기업의 경영자는 어떠한 선서를 하고 경영을 시작해야 할까?

하버드 경영대학원의 라케시 쿠라나Rakesh Khurana 교수와 니틴 노리아Nitin Nohria 교수는 의사들의 히포크라테스 선서와 같이 기업인도 경영자로서의 선서를 해야 한다고 주장했다. 이들은 우리 사회에서 기업에 대한 신뢰가 붕괴위기에 직면했고, 경영자들도 정당성을 잃고 있다고 진단했다. 그렇기에 대중의 신뢰를 되찾고자 기업가도 의사와 법관같이 진실된 직업True Profession이 되어야 한다고 주장했다. 진실된 직업에는 히포크라테스 선서나 법관 선서처럼 해당 직업의 윤리적이고 사회적인 내용이 포함된 선언문이 존재한다. 이 내용은 사회와의 암묵적인 약속을 의미하며 대중으로부터 지지를 받기도 한다. 이러한 약속은 자신에게 맡겨진 업무를 할 때 높은 기준에 맞춰 성실하게 수행하도록 유도하는 효과가 있다. 연구자들은 이러한 선서가 경영자에게도 필요하다고 판단하고 '경영자를 위한 히포크라테스 선서'를 제시했다. 그리고 이 선서는 2009년 하버드 경영대학원 학생들로부터 다음과 같이 'MBA 선서'로 정리되며 현재 1만 명이 넘는 사람들이 동참하고 있다.

경영자를 위한 히포크라테스 선서

MBA 선서

나는 비즈니스 리더로서 사회에서의 역할을 인식하고 있습니다. 내 목적은 사람을 이끌고 자원을 관리하여 개인이 혼자서는 만들 수 없는 가치를 창출하는 것입니다. 내 결정은 현재와 미래, 기업의 내부와 외부, 개개인의 안녕에도 영향을 미칩니다. 따라서 다음을 약속합니다.

나는 충성스럽고 주의 깊게 사업을 할 것이며, 회사나 사회를 희생하여 개인적인 이익을 추구하지 않을 것입니다.

나는 기업과 나의 행동을 규율하는 법률과 계약의 문자와 정신을 이해하고 준수할 것입니다.

나는 부패, 불공정 경쟁, 사회를 해롭게 하는 사업 관행을 반대하겠습니다.

나는 사업에 영향을 받는 모든 사람들의 인권과 존엄성을 보호하고 차별과 착취에 반대할 것입니다.

나는 미래 세대의 삶의 질을 높이고 건강한 지구를 누릴 수 있는 권리를 보호하겠습니다.

나는 회사의 성과와 위험을 정확하고 정직하게 보고하겠습니다.

나는 자신과 다른 사람을 개발하는데 투자하여 경영자가 계속 발전하고 지속가능하고 포괄적인 번영을 창출하도록 돕겠습니다.

이러한 원칙에 따라 직업상의 의무를 수행할 때, 내 행동이 올곧음의 모범이 되어야 하며, 내가 섬기는 사람들로부터 신뢰와 존경을 끌어내야 한다는 것을 인식합니다. 나는 나의 행동과 이러한 기준을 지키는 것에 대해 동료와 사회에 대해 책임을 질 것입니다. 나는 자유의사에 따라 나의 명예를 걸고 위와 같이 선서합니다.

라케시 쿠라나와 니틴 노리아 교수는 오늘날 경영자들의 신뢰도가 낮은 것을 경계하며, 사회에서 경영자의 신뢰를 되찾는 것이 중요하다고 강조했다. 그리고 위와 같은 선서가 도움이 될 것이라고 했다. 우리 주위에 성공한 기업이 많이 있을지 모르지만 존경할 만한 경영자는 찾기 어렵다. 하지만 '이해관계자 경영' 'ESG 경영' 등의 구호와 함께 많은 기업이 사회적 가치를 이야기하고 있는 요즘이야말로, '경영자'가 '진실된 직업'이 될 때가 되었다. 경영학의 구루인 피터 드러커는 경영의 3대 기본 요소로 수익 창출, 사회적 책임, 혁신을 제시하며 이 중 하나라도 소홀하면 경영자가 존경받기 어렵다고 말했다. 이 세 가지의 성과를 창출함에 있어 본 선언문을 엄숙하게 자신의 것으로 체화하고 실행하여, 사회로부터 사랑받고 존경받는 진실된 경영자가 많아지기를 기대한다.

'정의'에 대한 단상, 정의로움에 투자하라

우리는 정의로운 사회를 꿈꾼다. 소외되는 사람 없이 모두가 평등하며 자신의 권리를 주장할 수 있는 사회가 되기를 원한다. 정의롭다는 것은 무엇일까? 다소 철학적인 질문이라, 답변이 머릿속에 맴돌기만 하고 명쾌하게 답하기 쉽지 않다. '정의'라는 주제로 한 우물을 판 철학가인 존 롤즈는 그의 논문「공정으로서의 정의」와 저서 『정의론』 등에서 정의로움에 대한 깊은 고민과 질문을 던졌다. 그의 정의로움에 관한 질문은 현재의 기업가와 투자자도 한 번쯤 생각해 볼 필요가 있다. 정의를 이해하기 위해서는 '옳음The right'과 '좋음The good'에 대한 구분부터 해야 한다. 지금까지 기업가들은 '좋음'과 '좋음의 극대화'에 대한 내용의 책을 많이 읽었다. 우리에게 익숙한 짐 콜린스의 『좋은 기업을 넘어 위대한 기업으로Good to Great』에서도 좋음에 만족하지 말고 위대한 기업이 되어야 한다며 몇 가지 비법을 소개하고 있다. 그런데 ESG 경영을 하려는 기업은 이제 '좋음'보다 '옳음'에 무게 중심을 실어야 할 때가 되었다. 환경을 위해, 사회를 위해, 그리고 건강한 거버넌스를 위해 무엇을 할 것인가를 판단할 때, 더 좋은 것을 선택하는 것이 아니라 무엇이 더 옳은 일인지 판단해야 한다.

'옳음'은 어떻게 판단할 수 있을까? 옳은 것을 찾기 원하는 경영자와 투자자가 있다면 조심해야 할 판단 기준으로 '공리주의'가 있다. 공리주의는 영국에서 벤담, 제임스 밀, 존 스튜어트 밀을 중심으로 전개된 사회사상이다. 이 사상은 가치 판단의 기준을 효용과 행복의 증진에 두어 '최대 다수의 최대 행복'을 윤리적 행위의 목적으로 보았다. 공리주의는 쾌락과 행복을 추구하는 개인의 이기심을 전제로 하므로 경제적 자유주의를 뒷받침한다. 그리고 사회적 공리 증대에 도움이 된다면, 정부의 간섭과 분배를 위한 사회적 입법도 정당화된다. 이러한 공리주의는 '다수결의 원리'에 기초한 민주주의적 정치 제도와 사유재산 보호의 틀 안에서 점진적인 분배의 평등을 강조하는 복지 사상 발달에 큰 영향을 끼쳤다. 공리주의는 선호하는 사람들의 수뿐 아니라 선호하는 정도까지 고려하기 때문에 소수자의 억압이 발생한다고 하더라도 다수결의 규칙하에 발생하는 것보다는 완화된 형태일 것이라는 주장을 하고 있다. 하지만 공리주의는 만족의 총량이 개인들에게 어떻게 분배되는지, 한 개인이 자신의 만족을 시간적으로 어떻게 분배할 것인지에 대해 직접적으로 문제 삼고 있지 않다는 한계가 존재한다. 어느 경우에 있어서나 최대의 만족만 산출한다면 정당한 분배가 된다고 가정한다. 또 공리주의는 도덕적 소외 또는 인격적 통합성과 관련된 문제를 야기한다. 왜냐하면 결단이 필요한 순간에 항상 공익을 우선시해야 하는데, 공익을 우선으로 하는 결정이 때로는 소수와 개인에게 치명적인 인격적 훼손을 요구하는 결과를 낳곤 하는 것이다. 전철역과 고속도로를 놓을 경우 어느 지역에 건설할까? 이용자가 많은 곳을 관통하도록 하는 것이 당연하게 생각된다. 그러다 보니 일부 지역은 트리플 역세권이 되는 반면, 그렇지 않은 곳은 마을버스조차 유치하기 힘든 지역이 생긴다. 가성비를 따져 같은 비용으로 더 많은 효용가치를 만들수 있다면 이런 결정은 당연하게 생각된다. 트리플 역세권이 된 곳은 교통이 편리하다는 이유로 더 많은 사람이 모이고 주변 집값과 매장 임대료는 계속 올라간다. 마을버스조차 자주 다니지 않는 지역은 사람들이 떠나고 공동화가 생긴다. 사람이 없는 곳은 병원도, 학교도, 문화시설도 생기지 않는다. 공리주의와 생산성 관점의 의사결정 결과로는 소수와 약자에 대한 정의와 기회의 평등은 찾아볼 수 없다. 존 롤즈는 그의 저서 『정의론』에서 다음의 예를 들었다.

공정하게 나누는 방법

하나의 케이크를 여러 사람이 먹고자 할 때 어떻게 해야 공정하게 나눌 수 있을까? 첨단 도구를 사용하여 정확하게 N 분의 1로 나누는 방법을 제외한다면, 다음과 같은 방법이 있을 것이다. 먼저 어느 한 사람이 케이크를 조각으로 자른다. 나머지 사람들이 원하는 조각 케이크를 선택한 후, 케이크를 자른 사람이 마지막으로 남은 조각을 갖는 것이다. 이 경우에 케이크를 자른 사람은 최대한 케이크를 똑같이 자르려고 노력할 것이다. 왜냐하면 그렇게 해야 자신도 가능한 최대의 몫이 보장되기 때문이다. 이 예는 절차적 정의의 두 가지 특징을 보여준다. 첫째, 공정한 분할이 무엇인가에 대한 기준은 절차와는 상관없이 미리 정해진다. 둘째, 바람직한 결과를 가져오게 될 절차를 반드시 찾을 수 있다는 것이다. 물론 이 경우에 케이크를 자른 사람이 똑같이 자를 수 있는 능력이 있다든가, 케이크를 선택하는 사람이 가능한 한 가장 큰 것을 갖고 싶어 한다든가, 또는 다른 가정들이 전제되어야 한다. 하지만 중요한 것은 어떤 결과가 정의로운지 결정하는 독립적인 기준과 그러한 결과를 보장하는 절차가 존재한다는 것이다.

지금까지 우리 사회는 대부분 공리주의를 기반으로 의사결정을 해왔다. 그리고 소수를 위한 의사결정을 하기 위해서는 다수의 반대를 극복해야 하는 쉽지 않은 과정을 거쳐야 했다. 다수에게 이익이 돌아간다는 것, 더 큰 가치가 생긴다고 하는 것만큼 설득하기 쉬운 논리를 찾지 못했던 것이다. 기업도 예외가 아니다. 효율성을 최고의 원칙으로 삼고 적은 비용으로 최대의 효과를 얻는 방법을 고민해 왔다. 이때 최대의 효과는 이익의 극대화였다. 더 큰 이익, 즉 '좋음'을 얻기 위함이라는 명분 아래 '옳음'을 버려왔다. 대표적으로 후커케미컬의 러브캐널 사건이 그랬다. 하지만 ESG 경영은 더 이상 '좋음'이 아닌 '옳음'을 보도록 명령한다. 기업의 이익을 추구함에 있어 환경에 미치는 부정적인 영향이 얼마나 큰지 살펴보도록 하고, 기업의 제품과 서비스를 만드는 과정에서 구성원이 인권 침해와 안전사고로부터 보호받아야 함을 강조한다. 그리고 의사결정을 하는 체계가 투명하고 합리적인지 살펴보라고 한다. 더 이상 기업의 '좋음'을 위해 '옳음'을 포기하면 안 된다는 것이 지속가능경영인 것이다.

이때 옳음을 지켜내는 것이 정의로움이다. 정의로움은 평등을 원칙으로 한다. 만약 모든 사람에게 이익을 주지 않는, 달리 말하면 일부에게만 이익이 되는 단순한 불평등이 있다면 이 또한 부정의가 된다. 특정인의 이익을 위해 소수를 희생시키는 것 혹은 약자의 이익을 훼손하는 것은 모두 정의롭지 못한 행동이다. 투자자도 마찬가지로 나의 이익을 위해 ESG를 무시한 투자를 하는 것은 정의로움과 거리가 멀다. ESG와 사회적 가치의 중요성을 강조하는 시대에 가장 필요한 것이 바로 '정의로움'인 것이다. 생각해 보자. 우리 회사는 정의로운가? 우리 경영진은 정의로운가? 우리 조직책임자와 나는? 그리고 우리의 투자자는 어떠한가? 기업 앞에 붙일 수 있는 수많은 수식어 중에 이제는 '정의로운'이라는 단어를 붙여야 할 때가 되었다.